U0025293

天下文化

BELIEVE IN READING

大鵬展翅

馮世寬回憶錄

馮世寬——著

1980 年與 F-5E 戰機的合影，後來成為《中國的空軍》第 481 期的封面照片。

目錄

出版者的話　大鵬部長的一生奉獻／高希均……012

序言……017

第一章　漢翔的浴火重生……021

一、我要飛IDF……025

二、吃人的龐巴迪……033
三、快狠準的決斷……036
四、中國的聖誕老人……039
五、挽救破局的談判……043
六、只要先付一塊錢……057
七、試飛獎金一百萬……060
八、無疾而終的計畫……065

第二章

一百分的國防部長……071
一、雄三誤射了……076
二、把雪隧封掉……079

三、我是暴徒，你怎麼辦？……090
四、軍校制服不能潮一點嗎？……093
五、「興安專案」……098
六、應感如釋重負了吧！……102
七、國安院……105
八、濟公密碼……109

第三章　大鵬主委……113

一、金字塔計畫……114
二、榮家轉型三方向……117
三、性，不會隨著年齡消逝……126

四、農場的「拙樸經營」……130
五、讓我走吧！……132

第四章　我的軍旅生涯……141

一、我考上了幼校……142
二、我要飛出來……152
三、傑出飛行員的特質……158
四、通泉草……161
五、是我上輩子欠你的吧？……165
六、天大的事……174
七、我們的 Top Gun……180

八、沙國拾趣……189
九、榮譽短刀……204
十、外號「鬼嚇跑」……208
十一、美國武官……211
十二、凶悍的聯頭仔……219
十三、讓我最難過的事……229
第五章 我的信仰……231
一、幼年時代……233
二、我見過觀世音菩薩……236
三、五顯大帝公……239

四、好久不見……242
五、整建池王府……246
六、會有奇蹟出現……250
七、整建甘珠精舍……252

第六章　我所認識的蔡英文總統……257

一、為己建言……259
二、淨化軍風……260
三、軍編制員額之議……262
四、雄三誤射——不為人知的愛心……263
五、成立興安專案……265

六、您要繼續好好做……266
七、那三個字不要說……267
八、年金改革的「緩坡」……268
九、我不會用文人部長……269
十、誰叫你去的……270

第七章　心中感念的生命之光……273

一、沒有他，我飛不出來——馮汝元上校……274
二、懷念的那聲「ㄏㄨㄥˊㄕㄨˋ寬」——湯曜明總長……279
三、國軍之友——李棟樑……283
四、他走了！——沈一鳴……285

五、我們的朋友——張仲偉中校……288
六、我的換帖兄弟——大熊（鄭大維）……292
七、了不起的同學——戴文隆……294
八、三寸金蓮走萬里——我的母親……295
九、四海為家——我的父親……298
十、「因為有妳」——我的妻子……301
結語……304
馮世寬年表……307

出版者的話

大鵬部長的一生奉獻——出版馮世寬將軍回憶錄

高希均

（一）充滿自信的國防部長

二〇一六年五月民進黨再次執政，蔡英文總統任命馮世寬上將為首任國防部長。在任一年九個月（二〇一六年五月二十日至二〇一八年二月二十五日），志在報國的決策思考下，卸職時，自評為「滿分」，展現出一位高級將領的高度自信，在當前國家認同分歧下，所能做出的貢獻。

國防部長卸任後，他接續擔任了國防安全研究院董事長（二〇一八年五月一日至二〇一九年十月一日）、退輔會主任委員（二〇一九年八月五日迄今）。這本回憶錄包括了他軍旅生涯、執掌漢翔（二〇〇六年五月上任，共二年四個月）、國防部、退輔會，以及個人信仰的回顧。讀者可以讀到一位幼年（十六歲）即進空軍幼校，報效國家；然後在各種國內外訓練及職位上，歷經磨練，成了一位追求完美、從不服輸的將軍，先後執筆撰述回憶錄達二年多。

在蔡總統五月二十日任滿卸職前夕，發表回憶錄，正顯示馮將軍感念，他得到了這八年的時間，再能為國家，做出一無所求的奉獻。

馮主委的率直個性，敢講真話，展現了軍人面對問題的不懼本色。他的決策思考常以「人性」出發，「理性」推動，也有時被認為「任性」的堅持，大部分的堅持都有圓滿的成果。

面對媒體和國會議員，他總能率直及中肯地回答，有時他也會出現必要的「隱忍」。

（二）擔任職務上的三個特色

馮將軍一生在工作重要職務上，有三個特色：

(1) 嚴格的自我要求，堅持是非、對錯、善惡的原則，貫穿一生：從卓越飛行員養成的特色，到國內外各種任命的挑戰（駐沙、美武官），到漢翔營運的起死回生，到國防部長及退輔會主委。

(2) 敏捷的反省能力：一生飛行任務中可能發生的一次最嚴重的災難，居然因「意外」而避免了發生。一九七一年退出聯合國不久，日本宣布與我斷交，時任桃園五大隊十七中隊分隊長的他，從內心反日情緒的爆發，使他幾乎做了「天不允的大事」，打算用出任務時的戰機，在空中擊落從台灣起飛的日本民航機。可是那天從清晨起身告別家人時，到部隊任務提示後，一切正常，當登機啟動發動機後，對外通聯完全失效，就突然發現喉嚨失聲，接著持續了一個禮拜，不能飛行，當然就不得不放棄這個「壯舉」。事後反省這種「愛國」行為會闖下「天不容的大禍」，深感自責。這次三十一歲時的意外事件，似乎也種下了他相信冥冥之中有一股力量，引領著他走向人生的信仰。

(3) 強烈的使命感，不懼直言，不怕挫折：接任每一個公職，設法推動改革，要求自己做出貢獻。書中出現在各個崗位上的眾多實例。這位將軍求好心切，既能身先士卒地「衝」；有時也能「忍」，等待適當機會。

在蔡總統任內先後擔任了三個重要職位，近五年退輔會在他領導下，做了眾多人性化的及功能上的改革。他一生對國家的貢獻，始於十六歲進空軍幼校，準備為國捐軀，以七十九歲年齡，為增進榮民退休福利終，寫下了一生曲折向前的六十餘年的奮鬥史。

（三）大鵬展翅，和平高飛

美中對抗態勢已勢不可擋。近百年來，中國弱，列強就欺侮；近三十年來，中國大陸變強，以美為首的強國就要壓。在地緣政治的零和遊戲中，處於夾縫中的台灣，我們國家的領導人需要有「不打仗」、「不變成戰場」的智慧，做一個維護中華民國最大利益的平衡者——親美不反中；和中不反美。這即是說：台灣既要有自衛的現代國防（硬實力），更要有良性的與韌性的民主、自由、法治、教育、永續發展……（軟實力）。

在此刻五月出版的馮世寬主委的回憶錄，台灣人民看到了七十年來硬實力增強的一面，目的是希望用「備戰」的決心，達到「避戰」能產生的和平。

貫穿全書的是一位出生入死傑出飛行員所發揮的特質：重榮譽，有自信，盡責任，肯表現。

他曾經說過：「如果一切照規定做，永遠不會有進步。」他敢挑戰現狀，改變現狀。

馮將軍這位傳主，在這本回憶錄中，所展現的奉獻與愛國情操值得閱讀，並祝福他的期望能落實：「大鵬展翅，和平高飛。」

（作者為遠見・天下文化事業群創辦人）

序言

曾有幾位好友勸我，寫自傳或回憶錄，以留下一生的回憶，我卻一直不為所動。身為一個軍人，能有那麼多經歷，的確不容易。如說因緣際會，不如歸因於我凡事皆隨順因緣；我豈無「功名利祿」之心，只因眼見許多與心中認知相悖的人、事、物，我不願因循苟且。但我從不抱怨，會逆來順受地檢討與學習，使自己從中不斷地成長。

有句話說得好，人生有兩種境界：

一種痛而不言，那是歷練的涵養。

一種笑而不語，那是成長的愉悅。

做為我寫下《大鵬展翅》的註記。

我要特別感謝，年輕時我極崇拜的高希均教授，他在各書報雜誌上發表的專文，不但切中時弊，且提出擲地有聲的建言，深受我景仰。一日他帶著遠見、天下文化的發行人、主編、執筆人等來訪，使我們退輔會蓬蓽生輝。但我當場就婉拒了出版個人回憶錄的意願，如今想來，自覺短視與無禮。而他對我的不棄與鼓勵感動了我，最終促成本書的出版，特致謝忱。

二〇二三年四月，天下文化已將完成的原稿給我，卻因工作繁忙，及內心的執著與煎熬，又陷於是否應將一些特殊的狀況納入書中。我思慮再三，此書內容既非無中生有，就應直述無諱。

惟完稿前仍決定將一些當事人姓名排除。並增加一章，〈我所認識的蔡英文〉。試問：誰有這個機會至少每兩週會和總統面對面地「小軍談」呢？

終於，在我們退輔會替代役張少安、詹毓仁與何鎧全，以及余宜蓁小姐四位的協助下，順利完成修稿，並挑選合適的照片佐證，讓這本回憶錄更加完整。

坦誠而言，年輕時滿懷報國壯志的我，從未想過能活到現在，而且還能就記憶所及留下回憶編製成錄。內容未向各方查證，惟恐有失，尚請讀者寬宥才好。

大夥兒利用假日一起校稿，討論書稿內容各項細節。左起：詹毓仁、王凱珩、馮世寬、何鎧全、余宜蓁、張少安。

——第一章——

漢翔的浴火重生

馮世寬與新式高教機「勇鷹號」。2021 年 3 月 17 日攝於漢翔。

回顧我的一生，無論是軍旅生涯或是退伍後的公職人生，似乎總是承擔著「開創者」的角色，就如同一個建築師，從無到有地把房子蓋起來。等到建設完成，我也毫不留戀地轉身離開，將成果留給後繼者享用。

從軍中轉任漢翔航太工業股份有限公司董事長，並非出於我的意願。我在晉升空軍上將後，出任國防部空軍副總長，二〇〇六年的某一日，參謀總長電召我去，告知：「部長要我通知你，陳水扁總統『同意』你去漢翔接任董事長，那裡有舒適的環境，而副總長的職位會由某人接替。」從他的眼神及言詞中，我感受到這已是下「逐客令」了，我即時回應道：「我是軍人，我不想去漢翔，學弟升任空軍司令，我會援例自行報退。」

回辦公室不久，部長又來電話叫我過去，一進門就是一句：「你去漢翔幹麼？是誰要你去的？」

這突然的問題令我一時語塞，我即覺事有蹊蹺，答道：「是總統要我去的。」

部長又追問：「那為什麼總長說你是自願去的？」

見我不答，部長立即要副部長去向總統報告：「馮副總長另有任用。」旋即又問我：「誰來接替你的位置？」

我明知卻答：「我還不知道。」隱忍著未將總長召見我的實情告知部長。新任的空軍司令，他是我的學弟，我們在同一中隊相處甚久，本就交情甚篤。他上任後依例請我審核人事案，但我只是禮貌性地打開公文，隨後就合上交予他，說：「謝謝你，現在這盤棋是你在下，我觀棋不語地祝福你，好好下這盤棋！」這是我發自內心真誠的祝福。

而在漢翔服務短短兩年四個月的歲月，是我自認對國家航太工業最有貢獻的時期，同時也是我人生最難以忘懷的。我在漢翔的經歷，與我日後能以七十二歲高齡出任國防部長一職，竟不期然地有了直接的關係。

在我知道要去漢翔時，其實對這家公司一點概念也沒有，只依稀記得當時漢翔正在執行「IDF戰機」性能提升的「翔昇專案」。我身為戰鬥機飛行員，心想，既然有機會提升台灣航太工業的競爭力，自己必是責無旁貸。再加上當時，不管是漢翔內部或是社會輿論都醜化成是政治酬庸，漢翔工會在交接典禮中，刻意安排「反對酬庸」為由發動抗爭，這些都激起了我不服輸的個性，使我鬥志高昂。我告訴自己：「既然來了，我就要做到最好！」

台灣的防衛作戰，空防是重中之重。航太工業的發展對於我國的國防自主有著關鍵的意義。我期許自己在進入漢翔後，能與同仁們一同奮鬥，並且相信漢翔一定能夠再起。我給自己身為漢翔董事長的首要任務便是完成「提升國人自製IDF戰機性能的『翔昇案』。讓它性能提升後再次飛上青天，捍衛領空」。

一、我要飛IDF

漢翔航空工業股份有限公司前身為「空軍航空工業發展中心」，於一九四六年九月成立（當時為「空軍航空工業局」，一九六九年三月才改編為航空工業發展中心），負責軍機研製與生產任務。

一九七九年我國與美國斷交後，政治局勢變遷。一九九〇年行政院頒布「航太工業發展方案」，又在一九九二年同意將航空工業發展中心改制為國營事業。並於一九九六年七月一日改制為經濟部所屬之「漢翔航空工業股份有限公司」。

漢翔在二〇一四年八月掛牌上市，正式成為公股的民營企業，朝向企業化、民營化及國際化發展，是我國主要的航空器製造商、國際航太零組件供應商及國防承包商。

翔昇案的奇蹟

二〇〇六年五月二日，我就任漢翔公司董事長時，公司正處於虧損的營運低潮。在此之前，漢翔已經結束「經國號自製防禦戰機」（Indigenous Defense Fighter, IDF）量產專案，之後就再無軍方的訂單，在國際商用飛機的業務也難以為繼下，更有大批技術人員由美方安排赴韓協助發展 T-50A 教練機。因公司營收日益減少，同仁們薪資已多年無法調升，可想而知士氣之低落，極待提升。

恰逢此時，政府推動 IDF 升級計畫：「翔昇專案」，並撥出七十億預算，讓漢翔打造兩架全新的 IDF 戰機。但當時許多飛機的零組件已經停產，使得翔昇案所規畫的航電系統更新、提升載彈量等計畫時程嚴重落後，更遑論增加「留空時間」及機背「適型油箱」等先進功能的設計。

又因漢翔董座突然由陸軍接任，在無空軍人脈支援下，翔昇案實在無以為繼，一度想以現況結案。

還記得我上任後第一次到工廠視察，看到 IDF 機組件被攤在棚廠型架上，我伸手摸了一下機翼上的蒙皮，竟沾上一層油漬。我心想：「自家的車子，就算一陣子沒清洗，也不至於髒成這樣吧！」於是我問一旁的工作人員：「ＩＤＦ多久沒動工了？」他們一臉漠然地說：「已經擱置快兩年了。」並且再三強調翔昇案在缺系統料件的狀況下，絕無成功的可能！聽到如此一說，我當即下定決心，一定要盡全力讓ＩＤＦ性能提升案完成。

為了盡快熟悉公司業務，我請各處主管跟我提報公司業務現況，幾乎所有人在提到「翔昇案」時，都不約而同地表達這個案子已不可行。記得輪到物料羅處長報告時，他表示，為了尋求新的業務機會，可以試著做風力發電的風機，結果當場被我大聲責備。我認為：「航太工業是漢翔之本務，只有軍機、民機都做好了，公司才有餘裕去發展其他業務領域，本業都沒顧好，就跑去做其他生意，這不是本末倒置嗎？」

雖然初次見面就受到了我的責怪，但他其實是很優秀的人才，之後果然升任了漢翔副總。他退休後，我們偶然聊到此事，他笑著說：「當時同仁們見到董事長態度強硬，起初都持觀望態度。說不定只是新官上任三把火，想給大夥來個下馬威，結果發現董事長是玩真的。會這麼說，是因為你不但親自帶著團隊四處爭取訂單，還為公司未來的發展，制定了長遠規畫，全面性調整公司體制和經營方向。再加上幾次關鍵事件處理得宜，讓同仁改觀，願意跟著你一同打拚，使公司原本低迷的士氣重新振作起來。」

我在聽取各部門主管的說明後，立即向同仁宣布：「二〇〇六年十月底，一定要讓ＩＤＦ升空試飛。」為了達成目標，公司成立「Tiger Team」專案小組，由徐延年副總負責督導，並訂下二〇〇六年十月九日進行首次試飛的目標。

Tiger Team成立後，所有成員無分假日埋頭工作，週末我會親自去工廠探視他們，給他們鼓勵。

試飛前一天，我下班後援例去看Tiger Team的工作狀況，發現停車場內汽車滿布，會議室燈火通明，我一推開門，明明開著空調，但汙濁沉悶的空氣如怒浪般直撲面門，定睛一看，人人面色愀然。我感覺氣氛不對，於是問道：「為什麼這麼晚了還在開會？」同仁回覆說：「操作系統中有一個數據異常，大家正在尋找原因。明天就要試飛，若原因找不到，可能就無法如期試飛了。」

我見如此狀況，就跟大家說：「明天是原訂的試飛日子，雖然我要求各位把飛機整備好升空，但沒有任務值得我們犧牲安全，不要急，如果明天無法試飛，還有明年的十月九號啊！如果明天帶故障勉強試飛，萬一發生事故，我們也不會有案子可以做。所以務必確定飛機達到安全係數再飛。」半夜，我接到徐副總的電話，他興奮地說：「報告董事長，問題搞定了，我們可以如期試飛了！」隔天早上的試飛果然非常成功。

不久，總統陳水扁訂於二〇〇七年的三月二十七日來視導漢翔。我與同仁們特地安排「以翔昇案定名的新型ＩＤＦ戰機」升空典禮來迎接總統，但是總統來視導的前幾天，天氣狀況不良。當時我心想，若天候真的不允許，只能將原訂計畫改成靜態展示，把飛機放在機棚裡讓總統參觀。但如此一來，效果就會大打折扣，我和同仁們依然希望能完整展示大家日以繼夜努力的成果。我一向認為，人除了自助，更需天助，所以在試飛前一天安排了敬天祈福的儀式，當天我始終相信會雨過天晴。

到了三月二十七日當天，表定早上九點起飛，但六點時仍在下雨，嚴重影響飛行時程，七點半地勤同仁就得展開準備作業。

同仁一臉失落地問我：「典禮是否如期舉行？」

我沉思了一會兒，斬釘截鐵地說：「按原計畫各就各位，今天即使沒有飛成，至少要藉此把所有流程演練一次。」

果然在我宣布照常演練後沒多久，烏雲漸開，陽光漸露。九點鐘一到，「翔昇案」的第一架ＩＤＦ在眾人的歡呼聲中，一飛沖天。

總統抵達時，ＩＤＦ正好安全落地，試飛官小朱將戰機滑行至棚廠，下機後接受總統慰勉，十一點鐘典禮結束。我送總統至棚廠門口，握手時他說：「下雨了。」原來雨滴在他的衣袖上了。

典禮後，試飛官向我報告試飛概況時，他說：「報告董事長，真不可思議，在試飛時，機場上空有一個十浬寬的圓形區塊放晴，周邊都是厚雲層，ＩＤＦ和伴飛機正好由此區塊進出。」

我要飛就要飛國造的飛機

我親自頒發了一百萬的試飛獎金給飛官「小朱」。在典禮後我們開慶祝會，我還特地換上白色禮服。到了今天我都想不明白，為什麼那時天氣會突然變得那麼好。

在漢翔全體員工的努力下，我們終於如願完成翔昇案，成功提升了ＩＤＦ的性能，並且使其成為現在國軍的主力軍機。當時我還豪情地跟同仁說：「我要飛就要飛國造的ＩＤＦ！」

我到漢翔後之所以堅持完成翔昇案，是因為我認為：「翔昇案如果能成功，就代表漢翔具有提升戰機性能的能力，這就是最好的實力證明，日後在爭取國外廠商訂單時，一定會增加我們的競爭力。」

現在回想翔昇案的執行過程，真的險阻重重。

首先，當時漢翔沒有足夠的備料來完成兩架新飛機的製造，最後還是借助空軍的支援才能完成飛行。於此我要特別感謝當時的行政院蘇院長，當我向他說明翔昇案因系統件的短缺而陷困境，院長聽取我的意見後，立即召集國防部來支援。國防部李部長更親自蒞臨漢翔視導，詢問支援概況，大力促成翔昇案戰機的性能提升。

再者，要提升戰機性能，自然要換裝更新、更好的設備，像是雷達或武器投放系統，這些先進的設備大都需要向美方採購；但美國有規定他們生產的武器裝備不得裝載在他國生產的飛機上，這一連串的障礙與門檻，使得翔昇案的難度，遠超我們的預期。

也因如此，間接激發了漢翔與中科院的合作，共同研發ＩＤＦ需要的對空、對地武器。如今我國的許多武器都是由中科院自行研發完成。經此之後，因我們有優質的航太工業人才，以及中科院優異的研發能力，使我們對未來航太工業的發展充滿信心。

二、吃人的龐巴迪

翔昇案短期內成功達成性能提升的任務，是漢翔同仁對我改觀的契機之一；而後來我處理加拿大龐巴迪（Bombardier）公司不合理的合約事件，更是讓同仁真正了解，我對公司經營的立場與堅持，以及我的行事風格，進而得到大夥的認同與支持。

漢翔之所以連年虧損，除了訂單不足、產品良率不高，我發現有許多漢翔在國營化前所簽署的長期合約造成漢翔幾乎都在虧本。

我總結出這些合約虧本的主要原因有兩個：第一是合約期限太長，當時的報價無法有效反映通貨膨脹及原物料價格調漲等變數，導致製造成本逐年升高，交貨愈多賠得愈多。第二是因為製造流程品管不佳，導致良率無法提升。只要出現瑕疵，客戶不問責任歸屬，直接拒收退貨，還要罰款。這些成本漢翔也只能自行吸收。正因如此，公司難逃虧損的命運。

為了讓交易回歸公平合理，我要求漢翔向這些客戶提出重新議約的要求，而加拿大龐巴迪公司的合約案，就是其中之一。

加拿大龐巴迪公司是漢翔首次承接的民機專案，因為經驗不足，對於商用產品的安檢規格與品質要求並不熟悉，導致公司簽下了賠本合約，虧損甚巨。這也是我為何以終止合作案為由，向龐巴迪公司提出重新議約，不然就解約的要求。

一聽漢翔不做了，龐巴迪公司急得跳腳，公司總裁還特地飛來台灣拜會。有趣的是，總裁抵台後不先來我在外貿大樓十七樓的辦公室洽談，卻先與加拿大的駐台代表直奔外交部告狀。會面後氣焰高張地再三強調，這是我們政府之間簽的合約，漢翔必須繼續履行。但我認為，這已是十多年前的事情，內容有諸多的不合理，對方還是不肯讓步，堅持漢翔要繼續執行這「吃人的」合約，我覺得荒謬至極。遂當著他的面堅定地說：「我寧願關閉既有的部門，終止這條供應線，就算最後漢翔破產清算也沒關係。」見我們態度堅決，龐巴迪公司最終只好同意我們重新議約。

此間還發生一段插曲。當龐巴迪公司總裁來漢翔談判時，外交部也派員陪同出席，並且幫腔作勢地附和龐巴迪，要求漢翔繼續履行舊有合約。當時我反映，一紙長年的合約，光是原物料就上漲近三倍，各國公司都在調整製程成本與工資，這紙合約卻長年不調整價格，根本不合理。沒想到這時外交部的代表又插嘴幫著龐巴迪公司說話，我當場嚴肅地質問他：「你到底是哪國人？你應該幫我們講話才對，怎麼反過來幫龐巴迪說話呢！」外交部代表被我問得一臉愕然，尷尬得不敢再出聲。

後來與龐巴迪的合作，除了價格有所調整，我們也將運送過程中所產生的問題更具體地區分責任歸屬。漢翔出貨時，除了既有的嚴密包裝，還進一步貼上有漢翔標誌的封條，並要求不得在碼頭拆封檢驗，必須在進廠後才能開啟。運送過程中若有損毀，會以公司封條是否完整為基準，一旦封條被拆開，責任就不屬於漢翔。自此，到貨後因瑕疵被退貨的問題完全解決。

三、快狠準的決斷

在漢翔期間，除了與龐巴迪的重新議約，我也曾經做過兩個果敢決斷，最後都在損失擴大之前成功止血，後來回頭再看，我當年的決定果然是對的。

捷克的 Ae270 客機

當年漢翔曾與捷克的中捷（IBIS）公司合作研發製造型號為 Ae270 的七人座小飛機，由漢翔負責設計及製造機翼，再到捷克進行組裝認證，最後成功取得歐盟航空安全總署 EASA 認證。

當時我受邀帶著視導人員共乘，飛機的起降都是由我操作，感覺靈巧好飛；但考量 Ae270 的飛機機型過小，除正副駕駛只能同乘五人，大件行李也沒有空間擺放，雖然捷方很希望能進入量產，但經我們內部評估，我覺得這型機不具市場競爭力，繼續投資的風險太高。

再者，因訂單疑義及資金不足，捷方希望各自再挹注資金，為此高層還特地多次飛來台灣洽商。但我們還是決定就此停損。

原本談好將 Ae270 客機飛回台灣的決定，最後因種種飛航限制而功虧一簣，但多年後再看當初忍痛做出的決定，確實是對的。

華揚史威靈案

在我接任漢翔董事長不久，經濟部長通知我參加美國「華揚史威靈公司」董事長返國集資的餐會。透過相關部門得知，該公司是由經濟部以民間企業投資、在美國德州設廠的一家小型機製造公司。漢翔曾經派遣航空工程師和專案經理人等協助設計和製造事宜；後因政府輪替，改派新董事長，漢翔就未再參與相關工作。

在午餐會上，該董事長當著經濟部長的面，先是責怪漢翔要求的工資太高，全程以台語告訴部長說：「早上我與阿扁總統早餐，阿扁指示要漢翔投資。」我猜想他以為我聽不懂台語，卻不知我從小在萬華長大，台語雖不流利，基本的溝通卻是沒問題的。我立即以台語回應：「奇怪啊？昨晚我和阿扁晚餐，他沒有告訴我這件事啊！」他一下啞口無言，臉上那雙老鼠般的眼睛，不停地打量著我，我立刻就知道他在說謊，拿「假話」回應他，以子之矛攻子之盾，正好罷了！

其實在此之前，我早已知道這家公司因為設計超重和機翼不平的問題，導致試飛失事，這位董事長還大言不慚地謊報說已有一百五十架訂單，這真是又滑稽又狂妄。後來由行政院副院長來主持是否繼續投資經營的會議上，我提出因評估此案需再投資大量資金，否則無以為繼，所以漢翔不會介入與投資。最後是如何收場，我因已離任，未再關切。

四、中國的聖誕老人

要讓漢翔轉虧為盈，除了即時做出停損的決策，首要之事就是拓展新業務，因此我經常帶著團隊到世界各地爭取訂單。

記得二〇〇八年一月，美國新年剛過，街上還延續著聖誕節的氣氛。為了表達我們的重視，我盛裝出席那次會面。在下榻飯店後，我特地抽空到旁邊的服飾店逛逛，櫥窗裡展示的紅色西裝外套便立刻吸引我的注意，讓我不禁想仔細瞧瞧。而我一踏進門，那位黑人店員立刻就說：「Sir, that's your size!」我猜他在我進門前就已經觀察出我的意圖。試穿後，無論肩寬或袖長都非常合適，就像是為我量身定做的一樣。我當下就決定買了這件紅色西裝外套赴宴。

在我印象中，美國人大都不在意別人的穿著，但到達晚宴會場時，波音公司的代表一見到我，就好像想說些什麼，沒等他開口，我立刻幽默地說：「你們有沒有看過中國的聖誕老人？」他說：「沒有！」我說：「Hi!」瞬間大家都笑開了。那時聖誕節的氣氛還在，因此我身上的大紅色西裝和開場白格外應景，氣氛一下子就熱絡了起來。

外國人不太會分食給他人，因席間我們談得非常愉快，當天波音的代表，熱情地將他盤子裡的牛排切了三分之一給我，請我嚐一嚐。我相信在場的每個人都看得出來，這是一場相當成功的交流。

這場宴會讓波音高層對漢翔留下極佳的印象，再加上非常用心的準備，我們隔天的簡報讓波音公司感到驚喜，當場就表示對我們全力支持。

「精實」（lean）是波音公司所推動標準化流程的管理概念，核心意義在於「精簡」、「確實」，力求將工作流程效益最大化。這也讓波音公司成功提升波音737的製造效率跟品質，做到能一天組裝一架飛機出場的作業流程，即便在某個步驟臨時出了狀況，也能有即時的品管措施因應，確保生產進度順暢。

我一直希望，經由與波音的合作，能進一步了解「精實」的概念，並融入到漢翔的工作流程中，全面提升日後進貨與出口檢查的效率，以提升漢翔的實力。

最後，漢翔不但拿到最初想要的波音737客機的零附件訂單，連波音

殺手鐧——中國的聖誕老人。與波音高層的宴會。

777客機的也一舉拿下，更成為了日本三菱重工區間客機（MRJ）計畫的供應商。

那件紅色西裝可以說是我的致勝戰袍。當年我穿著「聖誕老人裝」令人印象深刻，波音公司代表，後來即使知道我已經離開漢翔，每次只要遇到來自漢翔的同仁，總會請他們代為問候「那位聖誕老人Kent」。

五、挽救破局的談判

二〇〇七年九月去拜訪波音之前，我們先去日本，因為這次出差還有另外一個任務：拜訪在名古屋的日本三菱重工。起初他們認為此次漢翔登門拜訪，就是禮貌性的拜會；又因為當時我已經上任數月，雙方卻一直沒有正式會晤，於是他們總公司在東京安排了一場晚宴，以盡東道之誼。

三菱重工的社長在與我們寒暄後，就以避開交通壅塞時段為由，計畫於用完午餐後，就要帶我們前往位在東京的三菱總公司。此時我方趕緊說明此行目的並非只是禮貌性的拜訪，漢翔還希望爭取製造日本MRJ的訂單，希望他們能撥冗聽我們的簡報。

他們驚訝於我們要向他們做簡報，就把參加午餐的幹部留下部分人員來聽聽看。我們每個人，包含我在內，都準備了一份簡報，我報告的是：漢翔未來發展策略走向。

前面簡報我們想投入他們的ＭＲＪ案，他們幾乎不敢相信，我們願意提供Ａ級的航空工程師去三菱重工幫忙，自己也準備Ａ級的工程師備援，並且在漢翔投資航空複材製造工廠支援ＭＲＪ，一下子成為了大話題。

我們請了一位他們公司在台灣辦公室的吳先生，以流利的日語當翻譯，因為ＭＲＪ是他們的新案子，二戰後第一次要研製九十人座的客機，我們以充分的準備想爭取ＭＲＪ的合作，顯示了這次我們造訪不只是來和高層握手寒暄。

這個案子一定會成功

當時三菱重工由日本政府直接補助，正在推動一個由日本政府主導、名為「Mitsubishi Regional Jet, MRJ」（三菱區間客機）的案子，漢翔收到這個資訊後，認為有機會爭取加入ＭＲＪ計畫。

傳統的飛機原料，是以稀有金屬和鐵、鋁為主的金屬材質，但隨著航太科技不斷推陳出新，受惠於塑膠多層密貼等技術發展，研發出許多韌性與可靠度極佳的創新複合材料。這些複合材料不只可以防止變形，還能防腐、防鏽，確保飛機在空中不會變形斷裂，實用性遠勝傳統金屬材質。

我們預期日後飛機製造使用複材的占比會持續增加，如果今天一架飛機有三五％使用複材，日後很可能會提升到四五％，甚至更高。若漢翔能承接更多製造航空複材的案子，就有機會透過不斷累積實務經驗來大幅降低研發時間。更進一步地說，如果漢翔能在航空複材部分自給自足，往後要生產飛機，就可以節省很多研發的時間和資源。

著眼於ＭＲＪ計畫的航空複材技術及日方優越的工廠管理模式，漢翔積極尋求加入計畫的可能性。除了以既有的產品成效及經驗背書，我們更展現高度誠意，提出願意自行投入資金在台灣建設工廠等條件，日方只要提供技術指導，漢翔就能生產供應ＭＲＪ計畫所需的複材。對日方而言，在本國境內製造複材的成本過高，加上短時間內需要大量生產，可能緩不濟急，所以為了分散風險，必定要有更多可靠的供應商。

當天我們的簡報，展現漢翔公司的實力之餘，也強調漢翔願意自行投入資源在台灣建廠，最後還針對美國波音公司、法國空中巴士集團、英國飛機公司等全球各大飛機公司的銷售狀況，做了詳細的分析報告，讓日本人看到我們的專業與用心。原本剛開始簡報時，日方只有十幾個人列席聆聽，但當我們做完簡報，發現整間會議室已經擠滿了人。

會後日方招待我們的晚宴，是公司社長和計畫內所有重要負責人齊聚一堂，相談甚歡，那一天的晚餐也是我在日本吃過最豐盛的和牛大餐，當下我就有預感，這個案子一定會成功！

我更想了解真相

與三菱重工的MRJ商談合作計畫前，日方特別派員來漢翔參訪，不巧的是，當天我在高雄岡山有重要行程，只能由同仁自行接待。但事先我便要求員工確實做好工廠的環境清潔，除了地板要掃乾淨、機器要上油、器材例行保養要完成，還規定同仁當天一律穿著公司的工作服。

此外，我知道日本人一向節省資源，尤其航空飛行器有很多原料是高貴金屬，價格不菲，即使是廢料，只要好好整理收集，日後也能用在其他地方，不浪

上）拜訪在名古屋的三菱重工，他們設宴招待。

下）與三菱重工航空宇宙事業本部本部長吉田慎一先生（SHINICHI YOSHIDA，右）及三田陽二先生（YOJI YAMADA，左）合影。2008 年 3 月 24 日，攝於名古屋。

費任何一分資源。所以我再三叮囑同仁，務必好好整理各種金屬廢料，銅、鐵、鋁、鋼，確實做好廢料分類，以顯示我們具備精確運用資源的能力，以及惜物愛物的精神。

除了物盡其用，日本人還非常注重細節，從設計簡化、有效管理到品質管制，每一步都要做到最好，絲毫不得馬虎。特別是跨國合作的案子，日本人更是慎之又慎，因成品出貨後必須跨國運送，若點交時發現問題，就得再派人專程出國修復；損毀情況若嚴重，甚至可能得全部報廢，對雙方而言都是很高的成本。

三菱重工來參訪工廠後，我迅速結束岡山行程，特地趕回漢翔設宴招待五位日本貴客。當我見到他們時，他們臉上的表情不一。我心想：「如果是因為他們來視察，姿態比較高我能理解，但也不至於不愉快，應該是發生了什麼事。」

所以在用餐前，我先開了一個簡單的會議，對他們說：「有客自遠方來，我們當主人應有基本禮節。今天我之所以特地從岡山趕回來跟大家吃飯，是希望你們把白天參訪漢翔時，看到的問題和缺點，毫無保留地告訴我們。優點就不用講了，我想知道你們看出的缺點，我們才知道何處需要改進，這會是未來有機會跟你們合作的重點。」

我表達完想法後，當下氣氛變得有點僵。當天來漢翔視察的日本公司代表，多是科長層級，都各有專長，因為是第一次來訪，本打算實地訪查後再回去內部討論，決定是否要跟我們合作。

我繼續告訴他們，雖然漢翔本身已經有嚴密的檢查制度，但我相信日本人比我們更加細心，一定會看到許多我們沒顧及的問題，我們很需要他們專業客觀的意見。因此懇請貴客們務必把所有看到的問題，統統讓我們知道，不必擔心會失禮。

當下日本客人再三跟我確認說：「真的嗎？可以嗎？你確定嗎？這樣你還吃得下飯嗎？」

我說：「吃不吃得下是一回事，但比起吃飯，我更想要了解真相，這也是我今天邀請你們來的真正目的。」

日本客人還是不放心地問：「你希望我告訴你多少？」

我懇切地看著他的眼睛說：「請不要保留，都告訴我。」

對方想了想，又跟同行的其他同事以日語討論了一陣子，隨後才開始把他們白天看到的問題，一五一十地說給我們聽。

其實當日本客戶以日語討論時，我心裡也在盤算，待會對方指出我們做不好的地方，漢翔能夠承受到什麼程度？有什麼是我們無法承受的？哪些問題需要解釋？哪些問題解釋也沒有用？如果是我們無法立刻改善的，該怎麼回應？思考過後，我決定先把問題記下來，等我們逐一改進之後，就邀請日方再度來訪，我們絕不能因為一次視察未果，就放棄爭取可能的合作機會。

客戶看出我的誠意，在短暫的討論後決定暢所欲言。把白天參訪工廠時，看到的環境清潔不佳、大門無法密合、設備久未上油、器材的例行維護保養不到位等問題，巨細靡遺地說出來。

聽完日本客戶的話，我糾結的心稍稍放鬆下來。日本客人覺得需要改進之處，其實不離我之前要求員工改善的範疇，雖然要改進的地方不少，基本上都不是什麼難以克服的問題。

當下我就告訴對方：「謝謝你們的寶貴意見，雖然漢翔有很多問題待改進，我們也覺得很不好意思，但很感謝你們願意告知。我很慶幸能聽到你們指出我們的缺點。」

然後我把漢翔將會如何改進的想法跟他們分享，當場表示，希望他們能在我們一一改正之後，再次來訪，讓他們感受到我們的誠意與決心。

會議結束後，那頓飯大家吃得很開心，喝了不少酒，很盡興，席間的氣氛好得不得了，我有信心這個案子一定會成！

日本公司的交際應酬有一個習慣，就是在吃完正餐之後，往往會去居酒屋喝酒續攤，有時也會到一些聲色場所。但漢翔當時還是國營公司，有一些分際必須守住，所以吃過飯後，我們沒有去外面續攤，而是直接將日本客人請到漢翔的翔園，我的住所。我已請同仁準備酒水、咖啡和一些下酒小菜，又想到自己有一瓶多年前從南非買回來的酒，沒想到多年後，這瓶酒會正好拿來招待貴客，在漢翔和日方的合作上發揮畫龍點睛的作用。其實我是一個滴酒不沾的人。

我拎出那深藍瓶身、上面有金色 Jaguar（捷豹）圖騰的酒，請日本客人觀賞，他們驚呼從沒見過這麼漂亮的酒瓶。我當場請日本客人開酒，他們顯得又驚又喜，我還特別聲明，今天晚上這瓶酒沒有喝完不准解散。

那天出席的日本客人一共有五位，喝到後來倒了四個。但因為一切進行得很順利，大家都很高興，感覺上彼此親近了不少；加上我熟記每位日本客戶的姓名，也讓他們備感親切，這場餐會算是賓主盡歡了。

這個案子我們不做了

ＭＲＪ的談判過程非常辛苦，我們從二〇〇六年開始積極爭取，二〇〇七年十月通過日本 MJ4000 品質系統認證，好不容易取得三菱重工的合格供應商資格，這才正式進入ＭＲＪ計畫的合作洽談。期間歷經八個月，雙方會談三十幾回合，終於來到最後的議價階段。

當時我將ＭＲＪ合作案談判的重要任務全權交予羅清溪處長，他只需要每天跟我回報進度即可。到了議價階段，卻陷入僵局，羅處長來跟我報告，談判可能會破局。「今天日方代表青木先生提早抵達，提著行李箱直接從機場過來，我猜他可能是去哪裡見了國外的廠商，但沒有談成，才會直奔漢翔。之後他們團隊提出了很低的價格，不但把我們當備胎，還砍我們的費用，實在讓我們難以屈從；但我們好不容易才走到這一步，萬一真的破局，豈不是很可惜？」

我告訴他：「日本人跑了這麼多趟，應該是有心要跟我們合作。下午開會，如果還是談不下來，那你們就全體站起來，行九十度鞠躬禮，然後告訴對方：『我們對不起我們董事長，這個案子我們不做了。』接著全體一起退場。不過記得留下一位懂日文的同仁，在會議室內收拾東西，順便觀察日方的反應。」

當天下午的會議，日方有一位女代表，態度依然強硬，以犀利的言詞死纏爛打，絲毫不讓。於是羅處長依著我安排的劇本演出，在膠著的會議中，帶著大家九十度鞠躬退場。

那天是星期五，日方代表未於次日返國，據悉一直與總部聯絡，後通知我方，決議於下週一再做磋商。等到週一又開始協商，日方的最高代表青木先生提出合於預期的成果時，在場的漢翔同仁心中感觸良多。這是漢翔很重要的前瞻性案子，投入很多時間和心力，沒想到在幾近於絕望之時，竟峰迴路轉，得到令人驚喜的結局。

會談一結束，大家就跑到我的辦公室，所有人難掩興奮地跟我說：「報告董事長，談成了！」看到大家臉上喜不自勝的燦爛笑容，我終於看到漢翔與三菱合作的願景了。

其實我相信日方知道漢翔有潛力，他身為企業經營者必須有分散風險的思維。當時MRJ計畫所有的供應鏈都在日本，一旦國內出了問題，可能會對公司營運造成嚴重影響；而我判斷日方若無意跟我們合作，也不會短時間內密集派人來商討。話雖如此，那天我的計畫「不做了」，確實冒了很大的風險，幾乎可說是在賭博了，幸好後來的結果證明，我賭對了。

當初一直未能達成協議，主要問題點在於，他們認為漢翔提出的工資報價不合理。當時GDP是台灣三倍的日本，認為漢翔開價太高，因此日方要求我們降價。

我方在討論後同意降價，讓日方人員喜出望外。我想，彼此各退一步，這算是雙贏的結果吧！但我也向日方說明，漢翔的人力時薪高，是因為我們所有員工都守工作紀律且會說英語，當時三菱重工被波音公司要求落實的「精實」，漢翔已經早一步在做了；加上漢翔早就擁有生產製造戰機的資格與經驗，而公司就位於空軍基地旁，飛機起降都非常便利，還有自己的棚廠，飛機的生產、維修、保養都一條鞭式地執行，這些優勢都是日方最終與我們達成協議的原因。

漢翔還願意為了MRJ計畫，打造專屬的複材工廠。我特別請三菱重工不要把跟漢翔的合作看成跟其他公司一樣。不妨把漢翔當成三菱重工在台灣的子公司，我們的關係就像是兄弟。漢翔會將三菱重工託付的工作做到最好。這就是我有信心一定可以拿下這個合作案的底氣。

後來日方也坦白跟我們說，他們從未有放手把東西交給別人做的紀錄，漢翔是第一個，也是當時唯一讓他們如此放心的合作對象。

漢翔過去始終沒能意識到，自己擁有無可取代的優勢與特點，就看我們如何讓對方認知與體認了！

以史為鑑

漢翔承接MRJ專案後，一位日本交通省的官員到中國出差，回程時來參加會談，提到他在中國被冷眼對待，讓他深感沮喪。我語重心長地說：「這是一定的啊，因為我們很在乎二戰時候的南京大屠殺，你們沒有跟我們道歉。」

他問：「那你對這件事情有什麼看法？」

我說：「我從小受的教育，是要我仇匪、恨日的。但今天我擔任這個角色，願意坦誠告訴你，我認為大家應該要『以史為鑑』，而不是讓歷史成為包袱，一直背在身上。現在對台灣而言，有很多地方要向日本學習。時代在進步，總不能一直背著這些包袱躊躇不前，應該攜手合作向前走。」

聽我這麼說，日本交通部官員顯得非常感動，一個勁地點頭，隨後把他手上的筆記遞給我，他說：「你可以把剛才說的『以史為鑑』寫下來給我嗎？」我一看他遞來的筆記，發現他的漢字寫得真好，原來他也懂中文，於是我就在他的本子上，寫下「以史為鑑」四個字，他拿著筆記對著我寫的這四個字，端詳了許久。

其實我也不知道自己當時哪來的靈感，跟日本官員講這些話。別人看我可能是一個鋼鐵硬漢，遇事絕不低頭。但我懂得做人做事不能只是剛毅果敢，很多時候更要柔軟包容，盡量做到圓滿才是硬道理。

六、只要先付一塊錢

甫接任漢翔董事長，我心中即對漢翔業務有不同階段的規畫。從軍機的基礎設計、國家自主國防相關產品的製造，到如何整合國內技術量能來爭取國際訂單。漢翔的英文名是「Aerospace Industrial Development Corporation」，第一個字「Aerospace」即是「航太」的意思，所以漢翔從來就不該把自己局限在航空領域。

我在漢翔期間，曾獲諾貝爾物理學獎的丁肇中博士，正在尋找ＡＭＳ太空磁譜儀計畫（Alpha Magnetic Spectrometer）的合作夥伴，但當時美國太空總署（ＮＡＳＡ）對他的計畫不甚贊同。因此丁博士回到台灣來尋求有能力且願意支持此計畫的機構，二〇〇六年十月他親自到漢翔進行說明。

該計畫主要是研究外太空中的暗物質與反物質，而研究中，偵測衛星發射的過程會產生大量熱能，容易導致衛星灼傷，所以需要極輕且能夠隔絕輻射熱能的載具。漢翔發展航空複材已有一段時日，而丁博士正是希望漢翔能扮演「載具」的提供者。

聽完丁博士的說明，隔天我立刻決定讓漢翔參與這項研究計畫，原因無他，我深知博士的研究領域，是世界最頂尖的高端科技，透過參與這項計畫，勢必能提升漢翔的技術層級。我承諾博士，未得到預算前不會跟他收費，並且會全力以赴。

為了支持該計畫，除了硬體設備龐大的費用，漢翔同仁籌組的菁英團隊，在此期間往返歐美開會，多達二三十次的差旅費，也一併由公司自行吸收。看似在做賠本生意，但其中無形的價值難以估量，同仁在過程中收獲的經驗，與漢翔技術能力的提升，絕對遠遠超過這些費用。

雙方合作了兩年後，某次我打趣地開口跟博士說：「博士，你該付我錢了。」博士當場面有難色地回應：「因為還沒有拿到研究經費，所以還沒有錢支付給你們。」其實要開這個口，我也有些尷尬，畢竟最初是我先承諾博士不收任何費用的。

我接著解釋：「主要因為漢翔現在還是公營企業，在法規上必須要有對價關係，本公司應跟你收十萬元，如果你尚未領到補助款，只要先付我們一塊錢。」見博士似懂非懂，我告訴他：「這樣我們就算是完成對價關係了，至少你不是沒付錢。」聽到這裡，博士才終於鬆了一口氣，他也承諾日後只要拿到研究經費，一定會付漢翔這筆錢。

經過一番努力，NASA在兩年後終於核定了博士的計畫，他親自致函感謝漢翔的參與及貢獻。所以現在美國NASA也能看得到中華民國的國旗，我相信這是我們從「航空」到「太空」的一大躍進。

現在國家太空中心與衛星發射計畫等航太相關機構，有很多我們製造的物件，雖對公司的營收成長沒有明顯的幫助，卻替漢翔創造了許多無形的機會與價值。目前博士的這項計畫已進行到第二階段，且持續往前邁進，台灣除了漢翔，還有成大及中科院的參與；更有許多先進國家，如荷蘭、德國、美國、義大利也共同投入資源推進研究進程，這也間接表示漢翔在「航太」領域是相對有國際競爭力與知名度的。

七、試飛獎金一百萬

改變企業的文化實為不易。在漢翔服務的兩年多，起初時常能感受到，下屬對一個非航太科技產業背景的專業經理人來擔任董事長，那種不言而喻的抗拒。下一位！

還記得人事命令布達時，漢翔的工會成員被巧妙地安排在我的就任典禮中，他們衝進會場大喊：「反對酬庸！」當時我並不認為這是一場危機，反倒是想藉這個機會，在我就職致詞時，正好表達：「我是『勝兵之將』，勝兵要先勝而後戰，我有決心來帶領你們改變漢翔。」

我脫去西服外套，走向抗爭的工會成員，以堅定的眼神、面帶微笑地和他們握手，說：「你們等著瞧，我不會怕你們。」我堅毅的表達，平息了工會的抗爭，也讓我下定決心要好好幹！

可能工會有人認為我只是虛張聲勢，特地走進我的辦公室，以跋扈的口氣說道：「我們以前去董事長辦公室，門都不用敲直接進去，坐下來還會把腳抬到董事長的桌子上，邊叼著菸跟董事長說話。」

聽罷，我立即說：「這週末我會拆掉董事長辦公室的門，未來你們想找我可以隨時進來。但只要誰敢在我辦公室抽菸，我馬上把他轟出去！如果有人再敢把腳放到我的桌上，我會毫不猶豫地踹翻他，聽清楚了吧？」

我猜想，他們當下應該覺得自己的好日子到頭了吧？

就任之後，我每天早上八點前進辦公室，將今天要處理的事充分準備好。各處室有任何問題，便讓他們一個個依序進辦公室找我。

起初，有些人覺得我初來乍到，沒什麼經驗，肯定有許多不懂之處，便會刻意找難題來問我。但他們不知道的是，我上任前就已下過苦功，關於漢翔大大小小的業務眉角，我都了然。所以在同仁來請示時，我可以很有效率地做出裁示，每個人都能得到滿意的答案。

回想當時有趣的畫面，我就如同看診的醫師，每一位同仁得到我相應的處方解答後，我便會高喊著：「下一位！」

每一季，我都會在白板上依序臚列公司業務的規畫及執行的進度。當時包含初教機、高教機、第三代戰機和民機各業務進度及檢討等，定期召集所有處長來開會，追蹤進度並檢討成效，讓他們知道我時時掌握著狀況，藉由滾動式的修正不斷精進。

就這樣周而復始，甚至連工會成員也佩服我對公司業務的熟稔，難得讚嘆地說道：「我真的從來沒有遇過一個董事長，能如此了解公司的所有業務。」這樣的過程，讓同仁們逐漸明白我要帶領漢翔走向成功的堅定態度，大家從此認真工作，對於各案件的進度更是認真執行。漢翔終於步上了正軌！

一百萬難道多嗎？

某天，我召集所有主管，向他們提出：「我們今年的目標，是要讓漢翔有盈餘，並且將部分盈餘發給所有同仁。除了加薪，有三種人我要加發獎金：一是今年得到經濟部發明獎的人，二是在製程中檢討能夠減少半成品或廢品的同仁，各加發兩個月；三，如果飛機試飛順利完成，會發給飛行員獎金一百萬元！」

很快地，在這樣的士氣鼓舞下，我們只花半年的時間就讓營收轉虧為盈了。我想，這是讓員工體認達成工作目標，最有感且最有效的方式。

訂定了以上的辦法，員工們大都拿到了一至四個月不等的年終獎金。讓他們知道，我在為員工著想並兌現承諾。畢竟，他們在漢翔十幾年來沒有調過薪，更遑論額外的獎勵制度。這個決定，帶動了漢翔的士氣，人人皆奮力為公司奉獻。

經濟部長認為我給試飛獎金一百萬太多，且無先例。我向他報告：「試飛這個任務或許大家都沒有太多的體認。但身為空軍，我深知這是飛行員以自己的生命在執行任務！沒有人知道試飛能否百分之百成功。成功就會覺得給一百萬獎金多了；萬一失敗呢？他們是優秀的專業飛行員。試飛成功，獎金一百萬難道還多嗎？」

他說：「問題是，這些事情，我們經濟部完全沒有做過……」

我說：「經濟部當然沒有做過，因為經濟部裡沒有人試飛過飛機啊！」

漢翔之所以能夠轉變，轉虧為盈，並非一蹴可幾。我從自身做起，帶頭引領著同仁，改變過去不佳的職場環境，摒棄舊有怠慢且沒有效率的工作方式。最關鍵的是，為同仁爭取最大的福利。讓他們深知，所有的付出，終將會得到報償。這些不可缺乏的要素，最後拼湊出一個嶄新的漢翔！

八、無疾而終的計畫

空軍軍機十年整建計畫

完成ＩＤＦ自製戰機的性能提升（翔昇案）後，我們研發自製的能力增強不少，日本三菱重工ＭＲＪ計畫的順利進展，也進一步證明了我們的實力，我清楚這時的漢翔已奠定了穩固的技術基礎。在民機業務穩定發展下，我開始尋思如何「航空救國」，著手規畫了「空軍軍機的十年整建計畫」。

我依空軍軍機服役年限及未來作戰需求，擬訂與規畫「高級教練機」、「初級教練機」及「新一代戰機」的研發與製造期程。可惜當時經濟部國營會、工業局，並沒有國家航太工業發展的願景，在立法院的施政報告中竟無「航太工業發展」的項目。

漢翔航空的工程師在「翔昇案」的研發成功，並以「翔展案」被空軍選用後，士氣高昂，當「空軍軍機的十年整建計畫」在公司內部訂定目標後，以「新一代戰機」為例，我們在短時間內就決定了戰機外型，並送往中科院航空一所，完成了風洞實驗。

我們向美國GE等大廠洽購「可變噴口」的發動機未果，我立即指派副總經理帶領資深航空工程師去與俄羅斯洽詢。他們回來後，失望地告訴我：「俄羅斯直指我們沒有國防工業！沒有供應商，也沒有供應鏈，所以他們幫不了忙。」我得悉如此「寶貴」的批評後，極感震撼，馬上召開會議，勉勵大家不要氣餒、再接再厲，並要在短時間內突破困境。

瀟灑走一回

就在我們目標一致、奮力向前時，換馬政府執政了。不久，新上任的經濟部長在某一日早上九點直接來電告知：「昨日董事會決議，你另有任用，想知道你何時可以辦交接？」我雖感到莫名與突然，但還是沉住氣地說：「今天下午就可

2007 年 9 月 4 日，訪飛機引擎大廠普惠公司（Pratt & Whitney）的新型風扇發動機。

以。」他驚於我回答得如此迅速與乾脆，連忙告訴我，他們可能來不及。

我即告訴他：我中午十二點就離開辦公室回台北，業務由總經理代行。我隨即召集各業管處長宣布這個消息，同仁們齊感驚訝。下午一點左右，我一物不取地離開了漢翔。後來得知，軍機十年整建計畫被新政府認定「非優先」政策，因此無疾而終。過了八年，換了蔡政府，才有自製的高教機呈現給國人。

我從未打聽，我帶領著漢翔正欣欣向榮、上下一心、努力不懈之時，為何董事會突然要我離任。我也沒有追問，何謂對我「另有任用」？但我永遠記得，那天是二〇〇八年九月一日。

後來想想，與漢翔同仁一起，在我設立的餐廳用餐；和員工一樣穿著工作服，穿梭在工廠裡；假日巡視與鼓舞加班的員工，待他們如同家人；每季由我召開公司經營目標檢討會議，已受到了同仁們的肯定及敬重，夫復何求？

不經意間，我已瀟灑走一回了，不是嗎？

上）2008 年 9 月 12 日，漢翔員工為瀟灑走一回的馮世寬董事長舉行歡送會。

下）捨不得馮董事長離開，大家爭相和他乾杯。

——第二章——

一百分的國防部長

馮世寬部長與「漢光 33 號演習」參演官兵餐聚。2017 年 5 月 25 日攝於澎湖防區視導期間。

二〇一六年的某日下午，我突然接到漢翔同仁電話：「聽說您明天要來漢翔，我們去接您。」我不明就裡地回：「沒有啊！」

當天下午近五點半時，又有民進黨智庫朋友來電，邀我隔日一早搭高鐵南下漢翔，並且已備好車票及早點。我問：「去幹什麼？」

他告知說總統當選人「蔡小姐」想邀漢翔歷任董事長去漢翔見面，我婉拒道：「有現任董事長接待就好啦！」但朋友再三邀約，我拗不過他的盛情，只好答應下來了，心想趁此機會去漢翔看看也好。

活動當日，我一出高鐵台中烏日站，就被熱情的漢翔老同事接走了，我問他們：「你們怎麼會知道我要來？」又追著問：「有其他董事長嗎？」

他們告訴我：「沒有啊！智庫只通知我們你會到。」

到了漢翔，我被老同事簇擁著去別處參觀了，所以當「蔡小姐」抵達漢翔時，我根本沒有陪同。事後聽說，「蔡小姐」在漢翔各處聽取簡報時，提報人都會提到這個案子是以前「大鵬」在時爭取的。幾次後，她好奇地問：「大鵬是誰？」簡報人回答是前董事長馮將軍。接著她又轉頭問隨行人員：「馮將軍來了沒？」有人回答：「來了，但被漢翔員工接走了。」

過沒多久，「蔡小姐」參觀結束，我被「送到」拍照現場，又被拉到前排合影。這是我與「蔡小姐」的第一次碰面。

隔天我就接到電話，電話那頭非常客氣地告訴我，「蔡小姐」對有關國防的事務很重視，「想請教你。」

我回說：「和現任部長談就可以啦！我離開軍職近十年，國防事務我都生疏了。」話說得客氣，其實我只是想婉拒這個邀約。

我之前曾數次與民進黨智庫交流關於國防的意見，也參與過他們關於未來國防發展的研討會，我知之為知之、不知為不知地相告諸如國機國造、潛艦國造的個人見解。接著他們甚至詢問關於國防部長候用人選的建議，在我提供意見後，我以為此事已告一段落。

不久又來電告知，「蔡小姐」已經和現任國防部長談過了，「想知道你什麼時候有空，她有些事想請教。」事已至此，不好意思再推拖，我只能回覆，依「蔡小姐」的時間我去拜訪。

接著我被通知下個星期二上午十時去「蔡小姐」辦公室，著日常服裝即可。當天，我到大樓門口時已有人在那等候著引導我前往「蔡小姐」辦公室。入內後，讓我訝異的是，民進黨主席的辦公室竟是如此狹小簡陋。辦公桌前的五人座沙發上，已坐了未來的行政院長、外交部長、中日協會祕書長與我的舊友。

見我到來，「蔡小姐」即從辦公桌旁把椅子慢慢滑向眾人之間，滿是笑容地問我：「你就是馮將軍？」我起立回應：「是！」

整個交談過程，沒有官式的拘謹，她談笑風生，我卻有點手足失措，因為不知她為何找我？並且當中還有我不認識的人。

一陣寒暄後，她突轉話風對我說：「馮將軍，人家都說你好，我想請你來當我們的國防部長。」

面對突如其來的這句話，我一時無言以對。

蔡小姐又笑著問：「你一定很緊張對不對？」

我本能反應回說：「我沒有投妳票喔！」

她馬上開玩笑地責怪在座的人：「怎麼選了一個沒投我票的來當我的國防部長呢？」

我又接著說：「我已離開軍中十年，都在宮廟服務，對國軍已生疏，我建議您把現任部長留任一年以安定情勢，在這期間找出最佳人選接任，比較妥當。」

她說：「你在宮廟的十年，我們認為是個黃金時代。你已洗去官僚氣息而仍保有軍人的特質，這正是我們需要的。」

見我沒有再回應，蔡小姐起身說道：「大家還有什麼意見嗎？如果沒有就是你了，恭喜啊！」沒有客套寒暄，沒有官式接待，全程輕鬆愉快。

就這麼簡單的，我於二〇一六年五月二十日，正式接任國防部長。

一、雄三誤射了

雄風三型反艦飛彈是昔時中科院自行研發且最有效的海上反艦作戰武器系統。不料，二〇一六年七月二日，我就任部長不到三個月，停泊於左營海軍基地水星碼頭，裝載雄三飛彈的金江號發生誤射。

當時我和高級幹部正在部內開會，我們得到通報時，誤射事件已經發生近兩個小時了。我立即要他們去查「重大事件回報」的規定，隨即，海軍黃司令來電報告：「雄三飛彈在港內水星碼頭發射，現況不明，已追查發射後的各種可能狀況。」如此坦誠的通話，讓我能安心將後續流程交由黃司令去處理。

我認為，處理如此重大事件，海軍必定非常忙亂，因此要求部屬：「此刻不要急著致電海軍追查真相，應迅速向國內外媒體發布快訊，並檢視各種訊息，以免衍生意外事件。」在外訊蒐整中，僅越南發出非友善的訊息；據悉美方以「無敵對性之誤射」來協助我們安撫周邊國家，穩定台海情勢。

後來，經黃司令回報中得悉，飛彈在澎湖外島第三次尋標時擊中在澎湖東側外海停滯之漁船，由彈孔貫穿船身的結果來研判，飛彈未引爆，且應已落海。

事後在展開對家屬慰問、研議賠償、追究責任的同時，我們請中科院來解說，並研討可能發生誤射之因素。發現依設計性能來判讀：艦上具備多重安全設置，當時是依正常操作程序進行模擬演練，但最終在模擬發射時電門未置安全模式，因此極有可能在檢測中誤觸而肇事。

巧的是，當日依令該艦要進行甲級測考，而一早艦長與艦副皆有任務尚未回艦，負責飛彈整備的中士因應測考在即，為先期整備，爭取戰備時效，自行設定操作模擬發射程式，因而產生了誤射。

當時總統在國外訪問，返國當日即召開檢討會，直指「此事件非一日之寒，我們要落實日常訓練」。在知悉事件全貌後，我與高階幹部擬定三大主軸來發掘問題，找出解決方案。此事，我全程未責怪任何一位幹部，因為我更期望經過如此重大事件後，領導幹部痛定思痛、愈挫愈勇，以不辜負總統期勉及人民對國軍之期待，共同努力把國軍的榮譽與尊嚴贏回來！

在立法院受到國民黨立委如撿到槍般的攻訐，高喊著要我下台，當時我告訴自己：「當不當部長已不重要，此時我應忍辱負重，以勉勵代替責備，與將士同甘共苦。先把國軍士氣帶起來，並落實更嚴密謹慎的國軍訓練。」日後有漢光演習等重大演訓，皆能圓滿達成任務，我認為我做到了！

二、把雪隧封掉

擔任國防部長時，國防部已在準備當年八月的漢光32號演習。我在了解所有演習細節後，考量到各種攻台可能作戰的模式，要求在原先的規畫上加雪隧封阻作業，目的是模擬台灣東部和西部戰時之阻絕與互相支援。

不可能的事變成可能

起初聽到我竟然異想天開要封雪隧，大家皆有意見，直說這是不可能的任務，但我堅決地說：「這是一個戰略性的考量，我要把它變成可能！」

在場有人認為，內政部不會同意國防部為了演習封鎖雪隧，所有人都要我打消這個念頭。但我斷定戰時台灣東西部之間，雪隧是最重要的戰略通道，萬一敵軍由東部登陸，只要封鎖雪隧，就可以阻絕及遲滯敵軍西進。假如東部有戰況，西部的人員物資，也可經由雪隧先期運送到東部支援。

為此，我請作戰次長先準備簡報，由我親自致電給當時的內政部葉部長，向他說明國防部此次漢光32號演習的課目之一，是模擬東部狀況發生，我們決定要封雪隧，並會親自向內政部簡報。聽到我這麼說，電話那頭葉部長吃驚地問我：「啊！你們要幹什麼？」

簡報當天，國防部由我率領

漢光 32 號演習進行「雪山隧道封阻」演練，官兵在雪山隧道口以燃油桶結合詭雷設置阻絕設施。

作戰次長室同仁到內政部報告，會議室裡擠滿了人，看到國防部這麼大陣仗，葉部長還開玩笑說：「今天國防部大軍壓境，以往內政部從來不曾一次有這麼多軍人來做簡報。」

當天周詳地報告封鎖雪隧的計畫與理由後，葉部長當場就表示：「國防部言之有理，我們不曾有過如此的操演，我同意全力配合。」唯一建議調整的是將雪隧封鎖管制的時間從午夜十二點到清晨六點，提早為晚間十點到隔天凌晨四點。在我們向內政部簡報之後一週，內政部就回文同意國防部在演習期間封鎖雪隧的申請。

事實上，封鎖雪隧的計畫並不只是把雪隧封起來禁止通行，還要在隧道裡進行各種演練，如阻絕兵力如何配置，突然拋錨之故障車輛要如何拖離，或者隧道裡發生火災該如何因應。還有攻擊方和防衛方的部隊模擬對抗，都毫不馬虎地實際操練。

現在說起來雲淡風輕，但當初執行的時候，因雪隧戰時是戰略通道，平時是交通要道，膽大如我都覺得要慎重規畫，不得有失。之所以堅持做那麼多演練，不做形式上的表面工夫，就是本著認真務實的精神，覺得既然要演習，就要盡可

2017 年 5 月 9 日，「漢光 33 號演習」進行實兵預演，在澎湖山水海灘演練登陸作戰，搭乘突擊膠舟搶灘。（軍聞社記者李忠軒拍攝）

2017 年 5 月 25 日，漢光 33 號演習登陸作戰。（照片由總統府提供）

能逼真，才能達到演習目的。

封雪隧的演習是偏向靜態的，在32號漢光演習中還有動態的登陸演習，幾經討論與實地考察後，我們將地點選在屏東加祿堂。

隔年33號漢光，則選擇在澎湖馬公做登陸演練。我們安排每五艘兩棲登陸艇（AA-7V），排成一戰鬥序列，共六批，合計三十艘，自登陸艇內依序衝向海灘集結，待一聲令下後，浩浩蕩蕩往前衝，展開攻擊。現場有很多觀眾，站在演習範圍外，觀賞著難得的實況操演。看著國軍盛大的軍容，還有各式武器、戰術的演練，我想所有人都會因國軍戰力的展示而讚嘆且感動吧。

不只如此，我要求從演習開始的第一天，所有部隊如同戰時，模擬副食供應不及，早、中、晚三餐都吃戰備口糧，直到演習結束前的最後一天晚上才有熱食可吃。

演習的最後一天，蔡總統以三軍統帥的身分來視導，晚餐也跟國軍士官一起吃「自熱便當」，它只要拆開包裝，食物自然很快就會熱起來。記得總統指著面前的自熱便當問我：「這個你吃得飽嗎？」

我說：「報告總統，大概要吃三份才行。」

漢光 33 號演習，馮部長與部隊一同住宿營地。

總統笑說：「我就猜到你吃不飽。那麼士兵吃得飽嗎？」

我馬上回應：「報告總統，演習期間弟兄們還發有戰備乾糧。」正好手邊有演習期間我和士兵一起吃乾糧、一起睡在帳篷裡面的照片，拿給總統看，總統笑著點了點頭。

民房裡的戰車

後備部隊特別協調民家，將以民宅的樓頂為制高點，設置各種火力，部分槍炮選擇安放在民宅裡，甚至連戰車都駛進民用工廠的院子裡停放。

沿路視察時，總統驚奇地問：「工廠裡怎麼會有戰車？」

我說：「我們把門打掉，讓戰車可以開進去。」

總統說：「真的嗎？」

我答：「報告總統，您看，裡頭停了五輛戰車，要把大門拆掉才停得進去，等演習結束保證恢復原狀。不只戰車，房子的二樓還有迫擊炮跟槍呢！」

總統接著問：「那是怎麼放進去的呢？」

我回應：「我們把窗子打掉，等演習結束，馬上安裝新的鋁門窗。」

為了落實全民國防，演習期間，民間醫療院所的所有醫生和護理師，都要聽從軍醫院指揮。另外，我們還與當地的大賣場、便利商店合作。規定演習期間，合作的店家不能自行銷售民生用品，因為戰爭一旦發生，必須確保軍人能先吃飽，一般民眾要到晚上十點之後，才能到這些店家購物。因宣導得宜，演習期間未有民家不滿或抗爭。

我們事先已調查過當地賣場及便利商店一天的平均銷售額，待演習結束，合作的店家若因參與演習而營業額減少，國防部會予以補貼。但因軍方採購的量很大，多數店家的生意反而比平時更好。種種安排，都顯示後備幹部的用心，也為全民國防奠下合作的基礎。

這次演習，還有件值得一提的事。

參謀總長原訂在演習前一天，援例實施全程兵力驗收，在抵達澎湖後，因天候的影響，未能按計畫實施。隔天要正式演習了，一早六點鐘，天氣仍未好轉，當時的王指揮官苦惱地說：「報告部長，我整個晚上都睡不著。我們準備得這麼好，卻一直在下雨。昨天已經下一整天了，到現在都還沒有停，演習有可能被迫取消。」

我說：「總統到哪裡都會有好天氣，不要急，趕快去休息一下，時間一到就不會下雨了。」

果然到了七點半，雨就突然停了。當蔡總統的座機在八點鐘到達時，據報連地面都已經乾了。原本要到民宅的路上，有一段路泥濘難行，當天走起來卻一點都不泥濘，還因為有微風及雲層，讓操演時一點也不燠熱，穿著全副武裝的演習部隊輕鬆不少。

守住小琉球

漢光33號演習在訂定兩棲登陸演練的地點時，因考量演習需要有合適的灘頭，以利登陸後的兵力集中，當時我們以在高雄外海十五浬的小琉球為首選。

為求審慎，我決定去小琉球實地勘察。在搭乘直升機途經島上高地時，只見二、三塊直升機停機坪，原先日人所建約四千英尺長的機場跑道，現已不復見。當我們抵達中澳沙灘，評估其正面狹窄不利於登陸後的兵力集中，便轉至島上唯一的海軍雄一飛彈陣地視導，坑道內無壁癌、無漏水，綠色的牆壁顯得整潔光亮，給我留下良好印象。

我習慣地去訪視他們的休閒及住宿地區，竟發現房舍老舊不堪，寢室內使用多年未見的木床，而且八人上下鋪相連，內部狹小。我即詢問，這麼重要的離島飛彈陣地，設施怎會如此陳舊？陪同的海軍司令部官員告訴我，這個基地計畫將在二〇二〇年裁撤，因此自二〇一六年起已不再投注經費了。我聽後，當場裁示在一週內先把木床完全更換成本島營區使用的鋁床。

回到部內，我找參謀總長來了解狀況後得知，這是之前某任部長的決議。但我認為，中共活動現況與前不同，小琉球基地有防禦及嚇阻之效，這麼重要的離島基地不得裁撤。昔時的決定沒錯，惟敵情與應變該檢討與時俱進吧！

雖在各種考量下，我們將登陸演練的地點另選馬公，但我卻機緣巧合地守住了小琉球這個離島陣地！

三、我是暴徒，你怎麼辦？

二〇一四年的砂石車衝撞總統府事件，被認為是我國總統府近年最嚴重的攻擊性維安事件。當時砂石車竟直衝進總統府，發生這麼重大的維安事件，我感覺真不可思議！

接任部長後，我第一週就去問總統府門口的憲兵：「如果有車子要闖進入總統府，你第一槍要打哪裡？」

「報告部長！對空鳴槍。」憲兵回答

「對空鳴槍做什麼？打到上帝怎麼辦？」我不高興地再問。

「打輪胎。」看我不滿意剛才的答案，憲兵馬上又給出另一個答案。

「打輪胎幹什麼！他都闖過三個關卡了，輪胎老早就爆了，他還要硬闖，你覺得他是帶水果來嗎？他一定是帶炸彈嘛！遇到這種情形，第一槍就要對著駕駛打。」我明確地給出這個指令。

我告訴他們，我是站著領導，不是蹲著領導，並說：「你們要服從我的指示，有事我負責！」

關於總統府的維安，我除了聲明日後遇到暴徒駕車衝撞總統府時，應該怎麼處理，還要求在總統府正門兩邊半圓的通道口，加派配戴衝鋒槍的憲兵，如果有人惡意闖入，該用槍時就用槍。

還有一次在總統府內，站安全衛哨的是一位女兵，我若無其事從她身邊經過，而後突然抓住她，說：「我是暴徒，你現在怎麼辦？」

女兵遲疑許久，可能想說我是部長，不敢有絲毫反擊。

「快點！我要殺掉你，你該怎麼辦？」我語速飛快。

「我要用話機求救。」女兵緊張地說。

「這樣來得及嗎？這時要趕快拔槍啊！就算槍裡沒子彈，至少動作要做出來啊！」說到這裡我才鬆手。

事後，我要求這位女兵把當天發生的狀況，告訴所有在總統府執勤的弟兄們，務必要傳達這個狀況如何處置，讓所有負責總統府維安的人都知道。之後我不時就會去測試，前後大概做了五、六次，無論站崗的是男是女，我都照樣突襲。後來大家被我突擊得愈來愈機警與熟練，維安的有效性與強度很快跟著提升了。

國家元首的安全是最要緊的事。新加坡每年召開「亞洲安全論壇」，全球至少有二十個國家的國防部長齊聚新加坡。有一年在會議期間，一輛車未能遵循現場維安人員的安檢指示，並試圖衝撞逃跑。最後維安人員在安全考量下，開槍制止，擊斃一人。由此可見，我的考量符合各國維安標準，而依照我的指示站哨，也未再發生嚴重維安事件。為此，我曾嘉勉憲兵指揮部許指揮官及所有同仁。

四、軍校制服不能潮一點嗎？

海軍的敦睦艦隊要遠洋航行，出國宣慰僑胞。我臨時決定到基隆一三一艦隊的碼頭去探望他們。我沒去長官席，而是站在觀眾中欣賞將遠航的應屆畢業生組成的樂隊演出。看到他們全身穿著黑色學生服，顯得個子瘦小，神采與活力全被這身黑給掩蓋了，一點軍人耀眼的儀態與賣點都沒有。

等表演結束後，我上船去詢問，才知道他們穿的是海軍黑色學生制服，我心想：「出訪機會如此難得，有時甚至兩、三年才能出訪一次，這不僅僅是宣慰僑胞而已，同時也代表國家對外的形象。」這樣的穿著沒有特色，也無法為遠航加分。

回部後，我即著手進行「軍校制服變更計畫」，希望能以最直接的方式提升國軍形象及學生的榮耀感。素以服裝設計學系聞名的實踐大學就在國防部旁邊，我邀請該校老師與民間專業設計師共同來參與，提升軍校制服的整體設計。

我們幾乎花了三個月準備，期間每次會議都由我親自主持，過程中也商請設計師團隊給予各個軍校專業的指導與建議，例如：怎麼決定肩線、腰線、服裝的版型，以及設計美學。最後再由各級軍校分別展示他們設計的新制服樣式。

第一個報告的是海軍軍官學校，打開簡報時，我差點昏倒，他們把制服搞得四不像，乍看以為是鐵路警察的制服。我忍不住說：「你們的提案我不滿意！我特別跟你們強調，腦袋不要僵化，難道軍校學生就不能穿得鮮豔有朝氣？你們看那個泰國上將，一身大紅色，又是金黃的佩飾，又是藍色的肩章，或是紅色上衣搭配白色長褲，看起來多麼精神啊！」

接著無論是空軍軍官學校或是陸軍軍官學校的設計，我認為都缺乏創意，或者明顯模仿西點軍校制服的式樣，或者僅沿用原來的版型，結果三軍官校的設計全都被我打了回票。最終只有最後一間學校設計得最好，因此我決定只讓這所軍校的學生換上全新設計的漂亮制服，讓其他軍校生維持原樣，好好去羨慕他們吧！

我如此鼓勵他們把軍校制服設計得更好，除了希冀以此提升國軍在人民心中

國軍試辦新版軍常服榮譽配飾，袖口新增「榮譽袖帶」。攝於 2016 年 12 月 13 日，國防部記者會。

的形象，也能讓年輕人看到後心生嚮往，想著：「軍校制服穿起來又帥又神氣，以後我也想去讀軍校！」由這件事學習到：要推動改革著實不易，不該總是因循守舊。紀律與規矩是軍人該具備的核心精神，但並不表示軍人就不能大膽創新。

我認為推動改革的關鍵就在於一個人的「見識」。見識並非在象牙塔裡埋首苦讀就可養成，必須透過親身歷練來培養自己的國際觀與世界觀；倘若一個人缺乏見識，則無法有創新的思維，即使再有膽量，也難免淪為「魯莽」。

就像我任內推動的「國軍換裝艾森豪夾克計畫」，這是很多人都覺得好看的美式外套。當初卻有媒體找了一些民意代表，嚷嚷著說什麼：「太胖的人不能穿艾森豪夾克！」其實只要稍微動腦思考，就知道這根本毫無道理。連身材魁梧的美國麥克阿瑟將軍、我國的郝柏村上將都能穿著，且美國空軍及我國憲兵的制服外套其實也是艾森豪夾克的版型。因這些人缺乏見識，才會在這些事情上做文章、找麻煩。

擔任部長期間，去立法院備詢時，我從來不需事先準備。我並不是隨隨便便活到七十多歲，晉升上將也不是閉著眼睛被升上去的。我有信心，不管民代怎麼質詢，都不會被他們問倒，因為他們忙碌不堪，不會比我更了解國防事務。

能夠有這份自信，正是因我從軍期間，親身經歷過種種狀況、付出無盡的代價與努力，才能在多年後煎熬出如此的心得，最終成為我的「見識」。我接受質詢時從不信口開河，因為我有信心、見識及定見。

所以我期盼我們的軍人要有創意、膽識，要培養出足夠的「見識」。

五、「興安專案」

我第一次去位於新竹的五四二旅視導，抵達時，儀隊、樂隊、禮兵、衛兵都全副武裝，排排站在門口準備迎接。我不是文人部長，不需要安排如此排場。不按我的規定，我當場掉頭走人。

他們用心準備，希望來訪長官看到最好的一面，我沒配合演出，肯定會讓他們感到失望。但我不希望看到刻意為我營造的畫面，而是來了解弟兄們最真實的生活與戰備樣貌，才能提出相應的措施，落實照顧國軍的需求。

一日下午三時許我才通知幕僚，想再去五四二旅走訪，並告知不可透露消息，到達時已經超過下午四點，我直接進到營區走訪。

營區內有一排老宿舍，周圍既非水泥地也不是草地，竟是一片亂石子地，外表看來格外荒涼。我當下決定走進去看一看，裡頭整潔的床單、臉盆、鋼杯、盥洗用品一應俱全。我問指揮官，是知道我要來，才布置得如此整潔嗎？他回報：「報告部長，下週有新兵來報到。」

接著我走到長官的狹小房間裡，發現裡面沒有衛生設備。我把方才還梗在喉嚨的話，直接說出來：「為什麼我們軍人過得這麼差？」大家都不知該怎麼回答。

隔週，蔡總統竟安排到五四二旅視察，巧的是，她參訪的路線，竟與我前一週走的一模一樣，甚至問基地指揮官的問題都跟我問的一樣。

總統看出上下鋪的設計容易讓人撞到頭，床跟床之間還靠得這麼近。「不能分開睡嗎？」總統問。

我回道：「這營舍老舊，所以才會採上下鋪，且一排放了六組床，兩排就可以容納二十四個人。因為原設計空間不足，只能這樣把人員都集中在一起。」

蔡總統參加五四二旅的會餐，致詞中，聽得出來是另外加到稿中的，「我責成馮部長，將國軍的營舍重新整建。」

於是我積極著手規畫，在我們同仁的努力下，很快地提出改善國軍營舍的計畫，定名「興安專案」，還特地到行政院向院長進行簡報說明。

隔了兩週，總統問我：「你上次那個『興安專案』很好，怎麼提案後就沒下文了呢？」

「報告總統，我有去向行政院長提報，他說，我們的計畫很好，只是現階段沒有經費。所以我就沒有再向您報告了。」

蔡總統繼續說：「國防、外交、國安，是屬於總統的權責，國防部應該跟我提報告才對。」

不多久，在總統關切下，昔時約一二七〇億的「興安專案」順利展開，我們的國軍很有效率地著手執行。從那時到現在，國軍營舍還在持續更新改建，預算也不斷增加，軍人總算能有更好的營舍居住了。

這是我上任部長一年多後的事，新建的營舍不斷地完成，內部設備好多了，每人可分配到的空間也比過去更大。此外，模組化的一人一桌、一床櫃及鞋櫃，進駐官兵人人稱讚。

我規定可在營區的建築外觀上，使用代表各自軍種的顏色，例如陸軍使用綠色、空軍使用天空藍，海軍則採用深灰藍；另外，建築物頂上可放置象徵式的標示，海軍是船隻風帆，陸軍則是大炮或戰車，至於空軍，自然是飛機或指揮塔台。再者，其他的設計和色彩規畫，皆必須以「模組化」的方式確保全國一致。

如此一來，既省時省錢又有效率。

房舍重新整建期間，我已經卸任國防部長，到國防安全研究院任職。而當五四二旅的宿舍落成時，軍備局還特別來信邀請我去參加啟用典禮，讓我很開心。

事後五四二旅的弟兄特地寄來厚厚的一疊照片，讓我看宿舍改建後的寢室內部、建築外觀、衛生環境，浴廁設備等硬體設施，還附上新舊房舍的對照。但讓我最動容的是，這疊照片的最後是弟兄入住新宿舍時生活的模樣，他們還特地跟我說「國軍弟兄們都很想念你」，讓我感到非常欣慰。

興安計畫可以順利遂行，一定要感謝蔡英文總統，她讓我感受到是真正關心軍人的三軍統帥。

六、應感如釋重負了吧！

報載宏都拉斯與我們斷交後，一位曾在我部長任內隨行去中美洲訪問（二〇一七年八月二十三日至九月八日）的軍事記者，傳來了我在宏國訪問時的照片，引起了我曾去訪時的許多回憶與感想。

中美洲由最北的貝里斯、哥斯大黎加、薩爾瓦多、瓜地馬拉、宏都拉斯、尼加拉瓜、巴拿馬、多明尼加等八個國家組成。

我一共訪問了薩爾瓦多、多明尼加、尼加拉瓜、瓜地馬拉及宏都拉斯等五個邦交國。這五國的國情大不相同，電視台卻幾乎是互通的，任何大事，各國都能同步收視。瓜地馬拉最大的衛星電視「展望衛星電視台」（GUATEVISION），透過衛星直播，收視戶遍及薩爾瓦多、尼加拉瓜、宏都拉斯三國。

他們的交通之亂令人瞠目，我搭乘的座車，前有荷槍的引導車，左右還有警察騎摩托車當屏衛，竟然完全不起作用，各型車輛錯綜穿梭在大街小巷上，按破了喇叭也沒用。

但到尼加拉瓜就不一樣了，那是個接受俄援的國家，元首奧德嘉（Daniel Ortega），副總統就是他的夫人，儼若獨裁者。因白晝炎熱，去訪當日應邀參加晚上閱兵，海陸軍都配備俄式裝備，晚八時許下雨了，受校部隊及裝備在雨中行進，看上去紀律嚴明，百姓不畏風雨，踴躍觀賞，亦令我印象深刻。

第二天到各處走訪，行人車輛竟井然有序，讓我驚訝不已。值得一提的是，我去訪五國之目的是到我們的大使館主持慶祝中華民國軍人節，各國高階將領因曾在我遠鵬班受訓，與我的侍從官倪邦臣都是前後期同學，有如開同學會，好不熱鬧。

我發現原慶祝軍人節大會都由去訪的國防部長主持，我因有駐外經驗，加以外交上在中美洲情勢已大不如前，我即決定由各大使主持，我當貴賓。大使客氣相讓，我告知：「你們是全權大使，如此可增加你們的權責與地位。」他們返國後皆視為美談。

憶及多明尼加國防部長竇林諾（Rubén Darío Paulino Sem），對我禮遇倍至，他來台參訪時，我陸軍已將五十輛悍馬車整修備援，他感動得當場落淚。又憶及會晤薩爾瓦多總統前，被告知會談時間只有二十分鐘，但我們一見如故，他向我要求援助各種醫療支援，相談超過一小時。如今想起這些往事仍歷歷在目，不意近年卻一一與我國斷交了。

他們是「西瓜偎大邊」還是「良禽擇良木而棲」，不得而知。這也不是我可以左右的了！但此時我們應感覺如釋重負才對吧？

七、國安院

在我即將卸任國防部長時，蔡總統希望將我在國防部長任內規畫的「國防安全研究院」付諸實現，並邀請我擔任研究院的首任董事長。

國防安全研究院的前身是國防智庫籌備處，原先屬國防大學戰略研究所，後來編制更迭隸屬於國防部，負責強化國防事務研究，推動各項區域安全合作，策訂國防智庫相關配套法規。國家安全研究院則是在原先基礎上擴大學術、情報、國際情勢等領域，並與國際接軌進行研究與交流，以提出對國家安全政策及國防戰略之研析與建言。

我曾擔任空軍總部情報署長與國防部情報次長，體認情報蒐集、研整、分析、運用對於國家安全有無可取代的重要性，因此我積極計畫、籌備國防安全研究院成立的相關事宜，選擇原國防部舊址「紅樓」及後備指揮部的部分設施予以整修，並在各方人力、物力資源注入之同時，進行人員選用。

成立後，我就任第一屆董事長，負責全盤事宜；聘請中研院之知名研究員出任執行長，負責指導學術研析；又得曾經駐過多國、語言無礙之媒體達人J. R.吳女士擔任祕書。由此，「國家安全研究院」於二〇一六年十二月正式成立。

國安院的三大功能

在接任國防安全研究院董事長時，蔡英文總統曾經告訴我，國防安全研究院必須發揮三大功能。

首先，國防安全研究院的首要任務，是協助政府擬定國家政策。特別是軍事戰略及國家安全戰略，後續還包括軍事戰略成形後的戰術擬定，都要加以研究，並確保可行。

其次，國防安全研究院要培養具國際觀的軍事人才。軍人的職業生涯，主要學習軍事相關的知識，來到國防安全研究院，可以透過不同專業人員間的交流，將研究範圍從軍事相關知識拓展到更廣更深的層面。例如對中國共產黨的了解、全球局勢消長，甚至是戰爭爆發後，政府該如何因應、擬定國家安全戰略等。讓每一位在國防安全研究院的人員，無論是來自學界或是軍方，都可以致力於將自己所學與專長落實在實際政策的擬定或執行上。

最後，國防安全研究院除協助擬定政策及培養人才，還要協助拓展外交。透過學術研究與情報搜集，幫助台灣在國際社會中得到更多機會，去爭取更多實質的支持與利益。例如有特殊人物來訪，外交部或國防部都不太適合擔任中間的促成者時，國防安全研究院就可以扮演智庫二軌、一軌半甚至一軌的角色，來達成突破國防層面的合作。

我們的院徽

在國防安全研究院各項軟硬體工程都上軌道時，我就想設計一個具代表性的院徽。我想打破以往的設計框架，和設計的同仁參考了許多世界知名智庫的徽章之後，始終無法得到令人滿意的設計圖。

一日，當我去友人辦公室時，赫見牆上掛了一幅在法國羅浮宮所購得的，拿破崙加冕國王時的畫像，背景是他的軍旗，軍旗中一隻巨鷹展翅立於地面，形成三足鼎立的圖騰，顯得極為威武，顯露著他已天下無敵的雄偉氣勢，令我神往。我當即請友人讓我拍照留念，他也欣然同意。

次日我召集相關人員來研議，並以拿破崙軍旗為藍本，將院徽設計成，立足於地球之上，振翅欲飛的金色巨鷹，象徵國安院的雄心壯志，獲得大家一致的喝采與贊同。如此迅速設計完成，既無侵權之慮，又能將國安院的願景充分展示，可謂是福至心靈。

巧合的是，第一批來與我們交流的正是法國的智庫，他們一見到此院徽便爭相拍照，就如同我們到國外看到「龍」的圖騰，定會興奮地前去合影吧？

在大家一同努力之下，國防安全研究院成立大約一年半就被評比為全球前三十五名的國防安全智庫。

八、濟公密碼

在我的生命中，其實有不少事是冥冥之中彷彿有股神奇的力量從中指引及安排，被蔡總統任命為國防部長就是其中一例。然而大家不知道的是，其實淡水行天武聖宮的濟公師父早在我接到任命的三年前，就曾當許多信眾的面說過：「你們大師兄將來會統領三軍喔！」記得當時包含我在內，都在莞爾地笑。我當下沒多說什麼，但心裡覺得，師父的話實在很離譜，畢竟那時我已年近七十，且離開軍中多年，早已獻身於信仰，怎麼想都不可能。

後來，在我被正式告知即將就任國防部長後，心想勢必非常忙碌，能去宮裡的時間可能不會太多，於是我擇了一個師兄姊都在的星期日下午，和他們一起如常參加活動。

那晚濟公師父降駕時，祂要我晚一點走。過了晚上十二點，祂突然叫我過去，並請妙香師姊拿一枝紅筆給祂，要我把左手伸開，在我手中寫下「18」這個數字，並叮嚀我不要給別人看。愈是如此，愈引起師兄姊的好奇，大家都湊過來問我：「師父到底在你手上寫了什麼？是不是在給你明牌啊？」大家起鬨著要我分享，我笑著回應：「師尊不准我們有賭博行為，怎麼會是明牌。」

回到家已是次日清晨，沐浴完，睏得一閉眼就睡著了。醒來時，才發現我早已把師尊賜給我的數字「18」洗掉了，但當時我對「18」不明就裡，也就沒進一步多想。

當我真正意會到這個數字的意涵，是在卸下國防部長職位後。正式交接前，我回到辦公室整理文件，剎那間，腦中浮現當年師尊在我手上寫的數字。原來祂早已告訴我，我的部長任期是「18」個月，這是何等奇妙啊！

離開漢翔後，馮世寬開始在淡水行天武聖宮擔任義工。期間，濟公師父指示過他會接任國防部長，任期 18 個月。

——第三章——

大鵬主委

2019 年 8 月 5 日接任退輔會主委，兢兢業業，從無懈怠。大鵬主委是所有榮民的家人。

一、金字塔計畫

我接任了退輔會主委就該盡忠職守，盡力扮演好這個角色，做好該做的事。因此，好好照顧榮民就是我最重要的任務。

退輔會是個龐大的機構，有四家榮總醫院、十二家分院、十九個榮服處、十六所榮家、十五處投資事業單位、三處高山農場，以及兩座平地農場，我一時連名字都記不起來，更別說工作的開展。就任之初，我希望加強各單位間的資源連結，讓各單位在實務運作上更有效率，達到相輔相乘的效果。

我一上任便優先走訪第一線照顧榮民的榮民之家與榮服處，到每一榮家，我皆與老榮民們同吃同住。我也特意交代同仁，一切皆按現有的方式呈現，目的就是希望透過親身體驗來了解榮民的實際需求，以便設法改善。

園區內年長者居多，身體難免較多狀況。一日，有位行動不便、坐在輪椅上的老榮民要轉診就醫，他以手指緊緊勾著輪椅上用來固定位置的安全帶不放，儘管榮家的護理人員與看護在旁耐心安撫，他仍不理，顯然不願上救護車。他臉上的不安與不悅，我都看在眼裡；他勢必是對能否再回來，深感恐懼。後來，我問了榮家的護理長，得悉他因腹絞痛，家醫決定送他去就近的榮院做超音波檢查，才能決定下一步的醫療行為。這不禁也讓我思考，該如何以更具「人性」的方式，提供醫療照護給有需要的榮民。

我回來即召集會內相關業務主管，研究榮家增設超音波及心電圖檢測儀之可行性。後榮總與分院都允諾支援，但在榮家中的家醫受科別限制，可能對操作與判讀不熟練，需要由總院派員教學，並設定專人於有狀況時能協助判讀，因此建立了遠距醫療的基礎。我們也商討其他就醫的相關流程與服務該如何優化，因此提出以「金字塔」為名的醫療照護計畫，旨在將榮總、分院、榮家三個層級的單位，視為一個資源能更有效共享的金字塔。各總院提供技術支持分院，各分院再分配醫療資源與服務至各榮家，做為彼此的支持系統，並定期檢討改進。上述就是一個資源有效整合很好的例子。

如此即能提升榮家內的醫療品質與服務，很多病痛在榮家就能完成診治，進而減少榮家住民五〇%到外轉診的需求，相對的一定也能舒緩榮民外出時內心的恐懼。

我們也經歷近三年被疫情所擾，而榮家住民多半年長，屬於高風險族群，好在，榮總由上到下，督導各分院實施防制性隔離及注射疫苗等措施，進而有效協助家區防疫。在此期間，榮家年長住民幾無感染，成效值得傳承與嘉許。

二、榮家轉型三方向

顧名思義，榮譽國民之家，即是要為歷經古寧頭戰役、八二三炮戰等抗日剿匪戰役，保衛國家、為國犧牲奉獻的榮民，提供一個安身立命的「家」。而入住榮家的第一代榮民（指一九三四年底以前出生），如今都因高齡而逐漸凋零；許多二代榮民尚不符合入住資格，且現今社會結構與對家的需求，已完全和過去不同。我時常想著，五年或十年後，甚至更久以後的榮家，該是個什麼樣子？退輔會該如何轉型、該如何照顧到真正需要照顧的人？因此我在任期內推動了榮家轉型的三大方向：家庭化、社會化與智能化。

家庭化

我之所以認為榮家未來要朝「家庭化」發展，原因之一在於，榮家其實就是一個大家庭。每個人對家的定義都不相同，但我想，共通點就是歸屬感。入住的榮民和榮民遺眷之間也有喜相逢而結婚的例子，能在「榮家大家庭」找到可以互相照顧的人，是值得推廣的。

其次，所謂的「二代榮民」多半在台灣出生，擁有自己的家庭，除已成鰥寡孤獨，無人奉養，不然沒有入住榮家的資格。一旦老榮民都離開了，榮家的功能將逐漸式微。若按照現行規定，服務的對象恐怕愈來愈少，那還有什麼理由堅持只讓具榮民身分的人入住榮家呢？

因此，我在立法院施政報告中，提出希望能把榮家「家庭化」，讓榮家成為全國最能照顧弱勢族群的單位之一。接下來哪些對象會是我們該優先照顧的對象，則是非常值得討論的課題。例如曾有一位在榮工處服務三十六年的同仁，過去參與過許多國家重大建設，在屆齡退休時上無高堂、下無子女，當他年老體衰時，如果又不幸生了病，那誰來照顧他？就因不具備榮民身分而無法入住榮家，他有足夠的錢住在外面的養護之家嗎？為什麼這樣的人卻不能入住榮家呢？

因此，我們正在思考，如何能夠透過一個公平公開的程序與規定，讓榮家的資源能夠有更好的運用，希望日後不只是能提供給需要的榮民，也能提供給貧困

2023 年 1 月 16 日，台北榮家隆重舉辦「隨政府來台歷年亡故榮靈啟建中峰三時繫念超薦佛事暨榮家住民祈福法會」，法會由馮世寬主委（左三）主持，蔡英文總統（左四）特別出席並慰勉現場榮家長輩。退輔會在各榮家積極營造「家庭化」氛圍，讓榮民也能像一般家庭在家裡安置先人牌位那樣，方便家人祭祀。

的、有安養需求的、需要長照的人，讓榮家成為能為弱勢者遮風避雨的大家庭。

社會化

社會化旨在打破封閉，讓社會開始更認識、了解什麼是榮家？以期許能有正向的相互接觸，形成一個其樂融融的大家庭。目前全台灣有十六所榮家，當初找地成立榮家的時候，都是在一些偏鄉或未開發地區的山坡地，所以空間充裕，因此我鼓勵各榮家創立具有特色的文物館、交誼廳、傳播室等，讓住民有更多的消遣與活動，也能打破大家對於榮家就是安養中心的刻板印象。

目前共有三所榮家——馬蘭、高雄、花蓮——設有非營利幼兒園，我認為這就是社會化的一個很好的例子。最早提出榮家設立幼稚園的構想時，不少人持反對意見，但事後證明這是一件值得推動的事。每當榮家有孩子出現時，我們發現許多榮民會充滿喜悅地看著這些孩子；原本枯坐在輪椅上的榮民，開始想拿點餅乾糖果給小朋友，而很久都不動的人居然會招手了。有些榮民隔天還會問：「那個妹妹來了沒啊？那個弟弟今天在嗎？」小孩讓老人在生活中看到了希望，不再只是孤獨地看著日出日落。說到底，其實很多老榮民更需要的是陪伴，而幼稚園的成立也大幅增加孩童及他們的父母、甚至親友來榮家參訪的機會，這也呼應了近年來「青銀共生」的概念。

所以我很早就開始思考在榮家設立幼稚園的可行性。如果老榮民可以看著孩子一天一天成長，就好像人生有了盼望，他的生命力無形中就跟著提升了。此外，我也鼓勵各榮家開放給地區民眾、社團、學生，來郊遊、表演、球賽、嬉戲。目前，社會公益和宗教團體源源不絕地注入資源，也讓榮家熱鬧不少。

智能化

除了透過推動榮家的家庭化、社會化，盡到一些社會責任，我們還積極推動榮家的現代化。

以前榮家的醫療設備落後一般醫院很多，後來因前文提及的金字塔計畫，讓榮總與分院的資源能夠與榮家整合，提升了榮家內部的醫療品質。

其實，對很多榮民來說，離開榮家去醫院看醫生，人與人的互動是冰冷的，

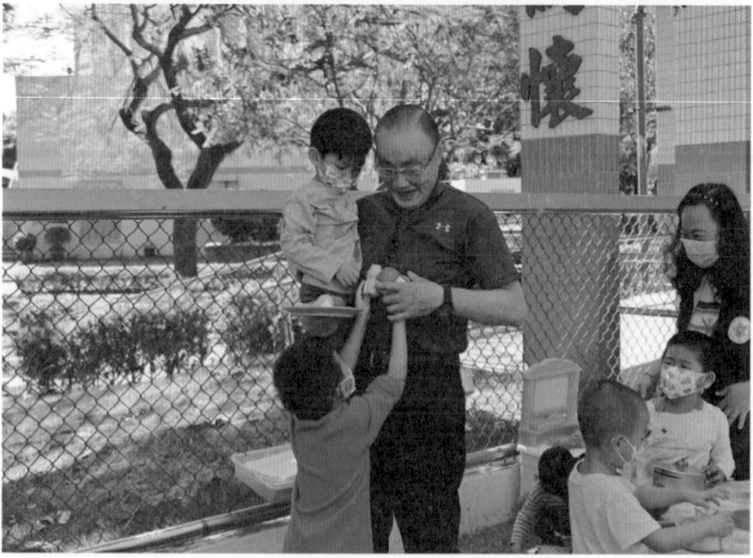
懷

孩子的活潑與開朗，為老榮民帶來希望與歡樂。大鵬主委也很喜歡和孩子們一起玩。

醫院忙碌的護理師無暇稱呼老榮民「爺爺」、「伯伯」，也不會噓寒問暖地請老榮民要坐好、要小心別跌倒。需要等候時，也不像榮家的護理人員那樣輕言暖語地叫他們的名字，並柔和地說：「爺爺，您等一等喔。爺爺，想喝點什麼嗎？」能在榮家提供優質、便捷的醫療照護，減少醫療後送，也相當程度地舒緩了老榮民外出就醫的心理壓力。

此外，現在智慧醫療的進步，因AI的發展日新月異，有許多慈善機構及廠商，主動提供智慧床墊、離床警示系統、沐

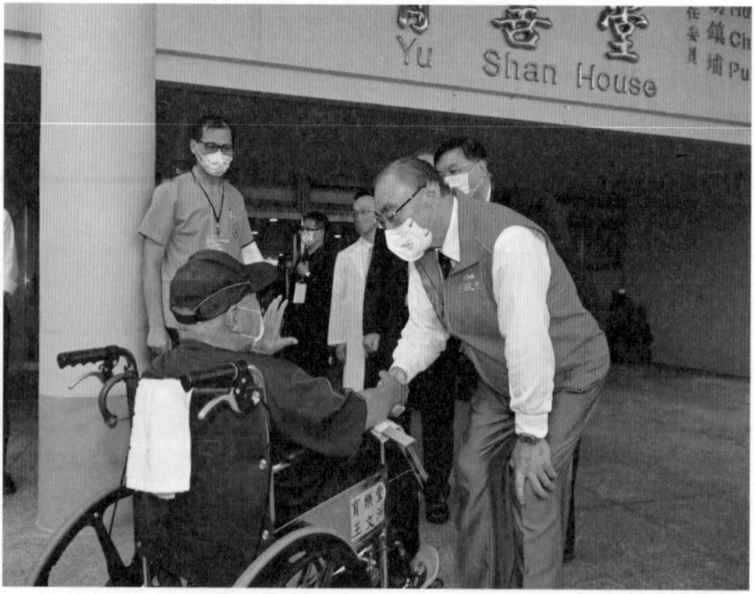

2022 年 6 月 10 日，馮主委至岡山榮家出席 5G AIoT 智慧醫療及榮家智慧長照服務上線啟動記者會，也不忘關心住民長輩。

浴機、各種行動輔具等，皆得自於智能化的受益，已有多處榮家還添購機器人與老榮民互動。我們將持續努力與社會結合、與科技合作，以福利我們對榮民之照護，我們會向這個目標繼續邁進。

三、性，不會隨著年齡消逝

二〇二一年 COVID-19 疫情最嚴重的時候，我去台北榮民之家走訪。這裡原本入住的都是當年從韓戰撤退來台的反共義士。當時我問榮家主任：「最近因為防疫禁止會客，甚至家區都沒開放，有什麼問題讓你覺得在管理上很棘手？」

「報告主委，有……但我實在不好意思向您報告。」榮家主任顯得面有難色。

「是什麼樣的問題？防疫器材不夠？還是防疫措施需要改進？」我急切地問。

「這些老榮民……晚上都要溜出去。」

「去哪裡？」

「去萬華……」

「啊！這個時候怎麼能去萬華呢？」

「所以啊⋯⋯」榮家主任欲言又止

「沒關係，謝謝你告訴我。但他們是怎麼到萬華去的？」

「想出去玩的人，自然會找到方法。每天晚上計程車準時在門口接送。」

「榮民都那麼老了？去那裡能幹什麼？」

「我也不好意思問他們去幹什麼，但他們總說，我們去外面走走不行嗎？」

「好好好，這事情你先不要講出去。我來想想辦法。」

聽到榮家主任提及許多榮民雖然年紀大了，還是不顧疫情嚴重，執意晚上去萬華玩的事情，讓我有了一個想法。

榮家住民本來就有男有女，女性多是榮眷或遺眷，因榮民離世後，女眷還可以繼續住在榮家。所以榮民和遺眷如有緣，進而共結連理的狀況也時有所聞。畢竟上了年紀還能找到人互相照顧，也是一樁好事。但榮家一向都是男女分開居住，只有夫妻可以同住，也很難有獨處一室的機會。

最初我思考，尋找合適的榮家，播放情欲電影。還計畫在播映室旁邊弄幾間像旅館一樣的房間。為了這個計畫，請了兩位身兼醫院院長的性學博士，還找了相關領域的學者和專家一起研討，我們開了多次會議，我還要求所有榮家主任必須出席每一次的會議。

考量實際情況後，我們認為新竹榮家的軟硬體比較符合需求。在二〇二二年中，新竹榮家正式宣布推出「榮莒（舉）案」，每週二、四、六的影片是播放給女性看；一、三、五則是給男性看的。未來榮民只要有需求，都可以申請這個特殊的房間。裡面除了有一般旅館房間有的設備，還可挑選想播放的影片，住民長輩可以在榮莒室裡做他想做的事，並規定申請一次使用時間限定為一小時。

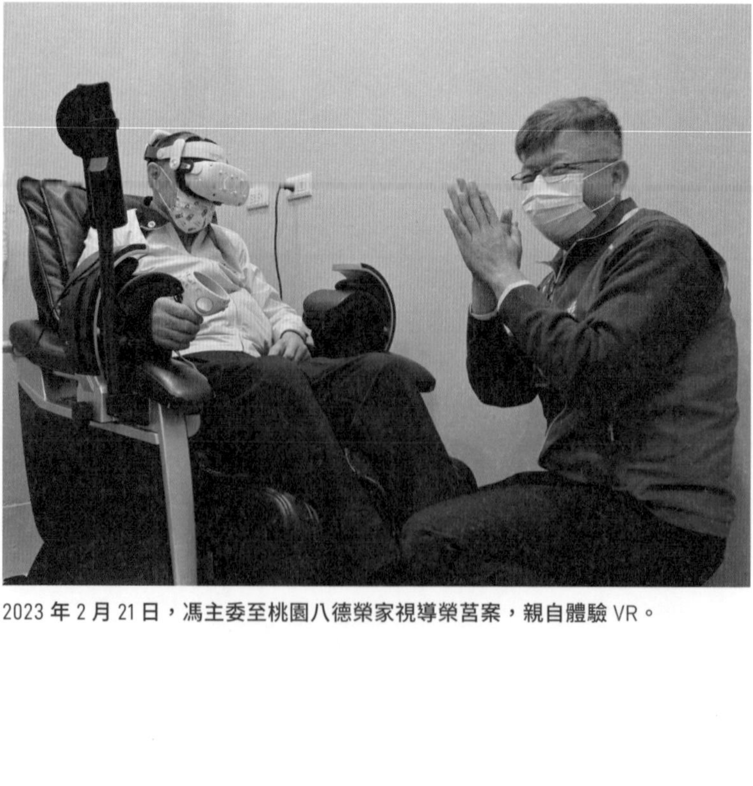

2023 年 2 月 21 日，馮主委至桃園八德榮家視導榮莒案，親自體驗 VR。

在榮莒案的政策推出之前，我已經預期到，會引發眾多的議論與來自各界的壓力，但因為決定是我下的，也是我要求部屬執行的，所有的壓力我一肩扛起，由我來承擔。

榮民也是人哪！他們有生理上的需求。我們既然要照顧榮民，也應該滿足榮民的基本生理需求。這方面以前沒人敢做，就讓我來做吧！

四、農場的「拙樸經營」

我就任三個月後即走訪福壽山、武陵及清境等高山農場及嘉義、彰化、台東等平地農場。每到不同的農場，都讓我備感心曠神怡，新鮮空氣吸入身體時是多麼愉悅暢快，走起路來的節奏與生活步調也有別於在都市的體驗，彷彿來到世外桃源。

在視導的過程中，我發現高山農場周邊滿是高級賓館或大型民宿，遊客到農場目的主要為遊玩，而住房需求相對較少。雖然提升來客率與住房率確實是正向維持營運的重要關鍵，但我也鼓舞同仁維護並強化農場獨有的特色，因此提出「拙樸」的經營理念。「拙樸」並不代表簡陋，而是以環境保護與生態保育做為核心，務必讓旅客能持續沉浸在秀麗的山川、樹木參天、群山環繞、夜賞星斗等自然美景下，流連忘返。

我們不與其他業者比花俏、比豪奢，而是在我們的優勢上提供更好的體驗，如改善住宿品質與餐飲供應，並在活動或服務的安排上有更細緻的巧思。此外也設計敬軍優惠辦法來回饋勞苦功高的國軍將士、提供年度楷模的免費招待，以提升民眾對敬軍有更深層次之共識。現在農場總是人潮洶湧，拙樸的營運帶給我們永續經營的信心！

此外，我將會內原以酬庸般分配的各投資事業董事，修正為各榮服處處長及家主任來接任，以增加與各投資事業之接觸交流，成效極為良好。

2023 年 12 月 20 日，馮主委至台東農場知本分場主持「欣欣向農計畫」第四期開幕典禮，並拜會榮民畫家吳信和（左二）。吳信和先生特別繪製畫像親手贈予，將大鵬主委的神韻表現得維妙維肖。

五、讓我走吧！

二〇二二年農曆春節期間，我在年初三無預警地突然吐血，到三總醫院急診。當時，我呼吸困難到一度非常危急，以為自己離開世間的時候到了。

對不起，讓我走吧！

二〇二一年十二月二十九日至十二月三十一日這三天，我特地計畫去榮家視察。先從北部的榮家開始，再陸續南下到中南部的榮家。榮家的主任一聽到主委要去訪視，原本已經排休了，都因此會銷假上班。為此，我在出發前特別告知各個榮家主任，請他們照原訂計畫，已經排了休假的人就照常休假，不要因為我而改變既有行程。

雖然如此，原本休假的榮家主任，還是會在我去走訪時準時出現。我可以想像，假如我是榮家主任，主委要來榮家，當天我也不好意思休假吧！所以後來我計畫在春節期間到屏東榮家走訪，沒讓任何人知道，打算自己坐高鐵南下，換車到屏東，抵達後再請榮家的值班人員來接我。計畫看完屏東榮家後，再搭車去台東和花蓮的榮家走訪。

沒想到，年前打了AZ疫苗後，我的睡眠狀況變得不好。大年初一那天，官邸的訪客及電話不斷，雖是愉快，但沒有空檔可以好好休息。到了晚上，忙了一天的我卻無法入眠。

每年的大年初二，我的娘家親人都會去給老岳母拜年，今年她決定在我官邸附近會餐，餐後要到官邸來喝茶聊天。雖然前一天我沒怎麼睡覺，但精神一直很不錯，並不覺得疲倦，也沒感覺有什麼不舒服。大夥難得聚會，好不熱鬧。

隔天是大年初三，天氣很不錯，我原本想訂高鐵，南下去榮家走訪。但過年期間的高鐵一票難求，我想反正我也不趕時間，不如搭火車下去好了。其實我有火車站站長的聯絡電話，可以直接打電話請他幫忙，但因為不是急事，我實在不想在休假期間打擾對方。所以我趁著白天的空檔，慢慢散步去了松山車站，只可惜票已售完，但站務人員說，只要有人退票，他們會盡快通知我。

當天下午四時許，榮總的主治醫師跟我約好，來官邸幫我進行例行檢查，會內的就醫保健處處長也來協助。檢查結果一切都很正常。我還跟他說，我覺得自己目前的身體狀況很不錯，打算要出門幾天，去南部走訪。

醫師離開後，我覺得有點累，正打算休息一下時，突然接到淡水武聖宮師兄的電話，邀我去聚餐。因大夥熱情邀約，我特別說：「我明天要出遠門，要讓我早一點回來啊！」

掛掉電話，大概是下午五點，我覺得身體似乎有點怪怪的，但又說不上來有什麼不適。

我約莫五點多出門，搭捷運去一位師兄的家，差不多六點左右就到了。記得我抵達的時候，就覺得自己走路有點怪，跨門檻時有點卡卡的，我還用右腳踢了一下左腳，心想怎麼連走路都不會走了。事後大家都跟我說，那天晚上就覺得我怪怪的，話變少了，而且看起來也有點嚴肅。

吃完飯後，大家還要去另外一位師兄家喝老人茶，因為我想著還要去屏東，就婉拒了續攤的邀約。出門時聽到師兄在幫我叫車，我還說不要，過年期間車很難叫。我就趕緊下樓想去搭捷運，但下樓之後，我開始覺得自己怎麼走不動了。這時路邊停了一輛白色紅牌的 TOYOTA，我走過去敲了車窗，問司機：「你是不是剛送完客人？」

司機說：「不是，是有位李先生叫的車。」

「那是為我叫的。」

「請問你的大名？」司機又問。

「我姓馮。」

「好吧！你上車吧。」

上了車之後，司機先生直接問我是要回松信路嗎？當車子經過三軍總醫院，平常一定會碰到一個紅燈，今天全是綠燈，我還在想說今天怎麼這麼快就到這裡了。

此時，正好遇到紅燈，我虛弱地跟司機先生說：「你可不可以闖一下紅燈？請你到迴轉道去，我想去掛急診。」我一上車，司機先生就覺得我有點面熟，所以一直透過後照鏡觀察我。當我請他闖紅燈帶我去急診時，他還回頭看我，問我：「您以前是不是國防部長？」

「是。」我說。

「紅燈還剩四十秒，我知道路。」

司機先生立刻迴轉後就右轉了，這時我又吐了第二口血，心想：「不對啊！應該是由三總大門進去，要繞一大圈才能到急診室。完了！他可能走到方濟中學後面去了。」而那條巷子兩旁連一盞燈都沒有，我開始想著：「我犯了什麼錯？難道時候到了嗎？怎麼那麼快就要審判了呢？」突然，車門打開，司機先生扶著我，跟我說：「我帶您進去！」

我還問他：「錢付了沒？」

司機說：「已經付了。」

我說：「你回去吧，我沒問題的。」

司機先生看我狀況很不好，一路攙扶著我進急診室。進到急診室時，我只能微弱地喊著：「快點……我已經不能呼吸了。」急診室的護士向我要證件，我用盡最後一絲力氣說：「沒有……帶。」那是我昏迷前的最後一句話。

後來是一位比較資深的護理師認出我來，趕快打電話通知醫生和院長，只是後續過程我已經全然不知了。

我完全不知道我太太是什麼時候趕到醫院的，當我在急診室醒來，就看到院長在旁邊，我太太抓著我的手，她焦急地問：「你怎麼了？」

我說：「對不起，我要走了，讓我走吧！」

「院長說要給你插管。」她心急如焚。

「不要，讓我走。」所幸我一直是坐在病床上。

「你可不可以聽院長一次，我求求你好不好？」太太哭著說。

「部長，你只要把嘴巴張開就好了。」院長說

這時我已經沒有力氣再說什麼，看到一根白色的管子，不是要我氣切的樣子，我就把嘴張開，然後我就又不醒人事了。

等我再次醒過來，已經是凌晨一點多。當時我已經可以說話了，我要太太先回去休息，明日再來。

怎麼可以在急診室煮雞湯？

太太回家後，護理師問我肚子餓不餓，然後笑笑地說：「我們有雞湯喔。」

我聽完馬上回了一句：「你們怎麼可以在急診室煮雞湯？」這話讓所有人都笑出來，大家都覺得這個病人不是差點走了嗎？居然還會開玩笑。後來護理師告訴我，那是因為天冷，護理同仁從家裡帶來給大家吃的，我喝了一小碗，感覺好美味喔！

住院的第四天一早，我就從加護病房換到一般病房，所有護理人員都覺得我進步神速，很不可思議，有幾個護士看著我還忍不住流眼淚。當初我被送進開刀房時，原本判斷我可能已經完了，就算還能活下來，不是植物人，也會半身不遂，所以我的康復算是奇蹟。

那天由急診室送去手術室，出來時，我身上同時插了九針，五針在右手，兩針在左手，都打著點滴，腳上還預埋了兩個針頭，準備在突發狀況時，一個用來打麻藥，一個輸血使用，突然感覺自己像躺在病床上的太空人。

回想在三總診治期間，所有醫療人員都對我很好，院長、醫師、護理師及那碗雞湯，讓我永遠感激與難忘。

——第四章——

我的軍旅生涯

自幼嚮往駕著飛機上青天，馮世寬憑著不懈的努力，達成了夢想。

一、我考上了幼校

士兵的微笑

就讀台北市萬華區東園國小期間，我假日常和同學相約去學校玩耍。約二、三年級時（一九五二至一九五五年間）常碰到學校有駐軍，教室桌椅都被搬走，中間擺滿了綠色帆布的行軍床，槍枝整齊地靠牆而放，甚是好看。

一次，我們坐在行軍床上，我好奇地拿槍在手上把玩。一位帶槍的士兵進來大聲喝斥我們，雙眼怒視的模樣把同學們都嚇跑了。只有我，不但沒跑，還拿著槍瞪著他看，心中毫無恐懼，大膽地問他：「這裡面有子彈嗎？」

他反問我：「你喜歡槍嗎？」

我點頭答是。

他笑著對我說：「等你去當兵就知道了。」

是他和藹的笑容還是我真的喜歡槍枝？都不在記憶中了，但我卻開始對軍人產生了好感。

一九六〇年我由台北市強恕中學畢業後，去報考東港的空軍幼校。考前接到通知，要做「空勤」體檢，從頭到腳，項目繁多，還脫了褲子檢查。最後，我拿到一張蓋了「幼年生」的體檢證明。一開始還搞不清楚，問了人才知道，空勤體檢合格的才是幼年生，而前面已檢查了三十幾位，只有個位數符合標準。

不久後，我接到入學通知。記得

空軍幼校入伍照。

是一九六〇年九月一日，那天我告別了父母，由二姊帶著搭18路公車去台北火車站，再轉搭早上九時南下往東港的火車。因不知東港在哪裡，對旅程又充滿了好奇，一路眼睛眨都不眨地望向窗外，傍晚七時許才到東港的大鵬站下車。

到站後，忽然想起與父母告辭時，他們說：「你這麼小就決定要去當兵啦？」我說：「我不是去當兵，我是要去當飛行員。」也想起父親在我臨行前的叮嚀：「大丈夫四海為家。」就這樣，我離開年邁的雙親，投入了嚮往的空軍幼年學校，從此開啟了跌宕起伏的一生！

全新的艾森豪夾克

到校第一天的晚餐後，我們這群互不相識的孩子，就被集合安排床鋪、套量軍服、領取鞋襪、臉盆及漱口杯等寢具。當我看到藍色的夏季軍服，打從心裡喜歡，拿到後更是迫不及待地穿上。很快冬天來臨，我們在海邊洗冷水澡，冷水澆在身上，全身「冒煙」甚是好玩，當時雖冷得蹦蹦跳，大家還是不忘嬉戲。

一日早點名後，長官宣布要換穿冬季操作服，隨後就在集合場發放。記得那個顏色、式樣，很像電影中「共匪」穿的，但衣褲都洗燙得很整潔。惟每件衣褲都有「補丁」，我感覺像是幼年逃難時，一路上看到「叫花子」（乞丐）穿的。當時我就不肯穿，打從內心就不喜歡！惹得隊值官對我大聲咆哮，還被罰站，但我依然不理！

沒想到第二天，課上了一半，隊長向課堂裡的教官說：「馮世寬因不聽命令，校長要召見，準備開除。」語畢，我仍堅持穿著夏季的藍色制服。

到了校長室，校長看了我半天後才開口問：「大家都換冬季操作服，你為什麼不換？而且還煽動同學一起反對。」

我照實回答：「報告校長，我未入學前，在家父母從來沒讓我穿過有補丁的衣褲。如果我父母親知道，兒子投效空軍，竟穿破衣褲，他們一定會很難過。而且我從未要同學們別穿。」

校長又看了我許久，對我說：「你長得這麼聰明，要好好讀書！當軍人要服從命令，知道嗎？」

我大聲回答：「是的！知道。」

其實，突然要面對校長，我心裡七上八下，緊張得不得了，迄今都不記得他還對我說了些什麼。然後校長把隊長叫進來，對他說：「這個孩子我喜歡，讓他回去好好讀書。」這句話我至今仍印象深刻。

入校後的第一次元旦假期是一九六一年，我記得很清楚，我們是在換發全新的艾森豪夾克和褲子後放假的。我們直挺挺地走在台北街上，顯得多麼帥氣，引人注目。我想，這是我違抗命令、差點被開除所換來的吧？

泳池驚魂

在大鵬灣，大夥兒時不時結伴在岸邊釣蝦、網魚、捉螃蟹，熟練後便開始走向深水處去撿拾扇貝、血蛤；膽子更大了，就游向水上飛機起降用的深水跑道，去採割海帶。過程中，自然地由狗爬式，學會了游蛙式。

誰知我竟然在二年級大膽報名參加游泳比賽，還傻傻參加一千五百公尺武裝游泳。

那次差點沒要了我的命，因缺乏經驗，前進的過程被腰間寬皮帶上的水壺給

上）1961 年元旦，就讀空軍幼校一年級的馮世寬（右）穿著嶄新的艾森豪夾克與哥哥（左）合影。

下）1962 年夏季，馮世寬（右）在泳池邊與同學黃與明（中）、徐樂生（左）合影。

整慘了。規定要把它裝滿水，沒想到游動中它會滑到肚臍下，像個奇重無比的秤砣，還頻頻往小腹及褲襠中不停撞擊，這怎麼游得快呢？我偷偷把水放掉，以為可以減輕干擾，它卻可惡地又飄浮到我的腰上，開始不斷打著我的尾錐，我們是海水游泳池，害我嗆了好幾口鹹水！我飽受驚嚇，覺得自己完了！這下游不完豈不丟人？最後拚了命才游完。我當下便決定此生再也不參加游泳比賽了！

一鳴驚人的徑賽

到了幼校二年級，可以參加田徑賽了，我都是參加一百、兩百、四百公尺的短跑，以及四百和一千六百公尺的接力賽。三年級時才有機會去參加五校聯運，但這次因學長先選了其他項目，只讓我參加一個新的兩千公尺接力賽，規則是十個選手，每人跑兩百公尺，我被安排跑第一棒。

當發令槍「砰！」的一響，我全身的力量與速度也跟著爆發。由我開始一路領先，最終我們空軍幼校一鳴驚人，得了冠軍！我們隊伍是由學校裡多個受訓單位所組成，更考驗著我們的團結與默契。

上）1962 年，馮世寬在空軍幼校時期參加五校聯運，擔任兩千公尺接力賽第一棒。圖為第一棒交棒過程。

下）當時參賽的幼校全體隊員合影。後排右三為馮世寬。

值得一提的是，全體隊員合影的相片中（見一四九頁下圖），右下蹲著的是我同學，我右手邊站立的則是飛行生，他畢業後完成飛 F-104 戰機訓練。六、七年後我飛訓完畢，想與他聯繫時，驚聞他已出家當了和尚，真令我不解！

我願葬在大鵬灣——「大鵬」的由來

大鵬灣是一片寬闊的內海，風浪較小，在拂曉和日落時，海面常呈現著不同的光澤，因海水波紋的變化無一日相同，可謂美景連連，真是美麗極了！

我在幼校三年的軍事化管理與繁重的學科中，還能熱愛運動、常感自由自在，大鵬灣的環境功不可沒。也正因如此，我才能擁有樂觀堅毅的人生觀及強健的體魄。每憶及此，我曾在日記中寫下：「大鵬灣，妳像我的母親，讓我在妳的懷抱中成長，讓我永遠懷念！」

記得一日早讀後，每人桌上都放了一張紙，教官宣告了空軍總部要我們寫遺囑，同時宣布了格式。我至今仍記得，當我寫完姓名及出生年月日後，寫下：

我願意當一名英勇的飛行員，為「反共抗俄」犧牲生命。如果我在台灣因訓練失事，我願葬在大鵬灣。如果我在反共作戰中殉職，請以「大鵬」為名，把我葬在中國的中心，甘肅省的蘭州市。

因此，我在幼校時期即決定以「大鵬」為別號，現在回想起來，當時誰也沒有寫遺囑的經驗，但那天我也沒怎麼費力思考就完成了。那不只是一份「資料」，更是一個自幼立志投效空軍的孩子，對自己的生命最純真的誓言！

二、我要飛出來

駕著飛機上青天，是我自幼的嚮往。而要能真正手握操縱桿，必須進入飛行學校，才能開始接受正式的飛行訓練。過程可謂關卡重重，不僅得先完成空軍幼校與空軍官校的學科訓練，還得要空勤體檢合格，才能拿到「入場券」。

在飛行學校期間，我們這一期畢業生有一百三十人之多，因此訓練時得拆成兩班，分別於上、下午進入飛行線。人實在太多，每一班還得再派兩輛卡車來接送呢！

當時我們每個人於飛行前，皆用心學習地面學科，對操作程序、緊急處置都背得滾瓜爛熟，可謂在地面上準備又準備，為的就是在真正上機時，能順利起飛、平安落地。

終於，我帶著自信與期待進入 T-28 型初級教練機的駕駛座。萬萬沒想到，當發動機一啟動後，我與教官都戴著通信用的耳罩，但螺旋槳產生的噪音極大，干擾了我與教官機內的通話，害我的檢查程序丟三落四，自己又求好心切，想將在地面上的準備好好發揮，反而更顯得緊張。回到地面，立刻受到了教官的嚴厲責備。那種情境，迄今難忘！

初級組飛訓

開飛前，由於我們期待已久的願望終於得以實現，自然充滿了歡樂。但隨著我們第一課「感覺飛行」落地後，大家的歡樂聲也跟著消退，取而代之的是彼此受到挫折後的垂頭嘆氣。

記得第一課的飛機滑行，就讓我手忙腳亂得滿身大汗。因螺旋槳的扭力會使飛向左偏，需要技巧地搭配點用剎車，來修正方向，以保持在滑行道中間。但這也是我第一次用剎車啊！到底要用多少量呢？只看到那個機頭不停向左又向右地蛇行，就是拿捏不到煞車力度，還差點「吃草」（出滑行道），而當教官一接手，機頭就神奇地在滑行道中央了，這根本是十足地欺生嘛！害我吃足了苦頭，光是地面滑行就讓我一言難盡。最後還是得靠教官幫忙操作，飛機才能順利進入跑道起飛。

我們人生活在地上，不是站著就是坐下，雙腳都是平穩地踩在地面上，飛機離地後，我感覺整個人都飄浮在空中了，恐懼、緊張得無以復加，真想快點落地啊！在空中不但要用調整片，縱向調俯仰、橫向調左右平衡，腳也要左右蹬舵，將水平儀內的指示球保持在中間，眼睛還要不時盯著前方目視安全。課目都還沒做呢，就覺得能在空中自由飛翔的鳥真了不起。我會做彈弓而且彈無虛發，打鳥是常事，此時我深深感到懺悔！

接著，教官在後座示範左右大小轉彎時，高度幾乎都保持不變，我接手操作時，那個高度表好像失效一樣，耳邊只聽到教官大聲提醒我：「高度！高度！」我感覺自己是如此笨拙，急得額頭直冒汗，教官接著就調整空域，正當我以為可以回去落地了，沒想到他緊接著說：「來，我們來做螺旋！」只見他把飛機爬高成了大仰角，失速後又誘導機頭向下翻滾，接著示範反操作，蹬反舵才能改出，最後再爬升高度保持平飛。

聽到教官叫我也做一個，我提心吊膽地依樣畫葫蘆，我感覺教官在幫我誘導進入，一時間只能隱約聽他叫：「一圈二圈三圈，改！」天哪！這時我竟頭向下圍著地轉了三圈！改出來後，我正驚魂未定，教官問我機場在哪裡。我幸運地看到機場就在我的左前方，教官下令叫我飛回去！沒想到落地後，教官對我的膽大與體能適應給予了稱讚，而除了責備地面滑行煞車用太猛，對我連平飛都飛不好，隻字未提。本來深感飛不好的陰霾一掃而空，當我告訴同學我飛了螺旋時，他們都說我吹大牛！

上場不到三個月，每次來接送我們到飛行線的卡車從原本的兩輛變成一輛！聽說有些同學第一課就被淘汰了！我不知原因，也不敢問，許是當時我也感到自身難保吧！

高級組飛訓

初級組飛訓結束後，全部只剩六十多位同學進入高級飛訓組，其中又有十八位分去屏東飛空運機。在高級組訓練中，帶我的教官是剛由台南基地調來的高手，帶我飛訓時剛晉升少校。猶記在課目基本練習做完以後，他總會加碼再帶我飛各種桶滾、向台兒、英麥曼、跟斗、十字跟斗等特技，還教我儀器飛行的「太康圓弧待命」。

除了對空的飛行技術，教官也常帶我去屏東的佳冬靶場，練習模擬對地炸射課目，三十度大角度投彈及發射火箭、低空一百英尺投彈及十度小角度地靶射擊等。

有一次在空中飛訓課目裡，教官又增加了高攻角，低速失速與高速失速改正方法。之後又飛到佳冬靶場熟練地練習各種模擬攻擊，這次教官教我在低空大速度，拉升形成高速失速時，應如何改正。他先做了示範，接著要我模擬操作，讓我連做好幾次。

落地後，他在講評中指出我不少操作的缺失。例如在造成低空大速度，想大G力猛然帶桿，企圖得到高度，就會產生高速失速的狀況，然而這時若加油門猛帶桿，反而會使飛機下墜，喪失了寶貴的高度，因此必須得收小油門，柔和平推駕駛桿，先使飛機不下墜，再柔和加油門，得到動力柔和提升來解除危險。這些細節與訣竅都是教官一次又一次教給我的。

有了這些扎實的訓練，讓我在日後飛行生涯中，幾次不正常狀況下的飛行，萬幸都能把命給保下來。

高級組飛訓用的噴射機，噪音小、加速快、操作相對容易，但亦因落地時攻角判斷與操作需要更用心去揣摩，所以不熟練而放不了單飛的大有人在，過程中又淘汰了近十位同學。我們這一期最終只有三十六位同學順利自飛行學校畢業。

三、傑出飛行員的特質

據我多年觀察許多優秀的學長、學弟，我發現，我認為傑出的戰鬥機飛行員，必然具備下列三項條件：

（一）無窮的好奇心

在我飛行時，總是對飛行的課目、飛機的性能充滿好奇。每次飛訓時，總忍不住想探索飛機的各種操作，體驗看看這樣飛、那樣飛會有什麼結果。我曾不按操作手冊的警告，將戰機大仰角爬升後，讓飛機失速，像自由落體一般產生負G下墜，改正時，機頭會猛然下降，那大角度俯衝的快感，實在過癮極了。其實很多飛行技術的養成都是出於好奇心的驅使，才使飛行員在不斷探索的過程中，一點一滴累積經驗，了解飛機最大操作極限，以求在空中格鬥時，能夠讓戰機發揮最大的戰力。

（二）無限的表現欲

飛行員通常很愛現，即使有些人看起來內向不多話，往往心中也藏著滿滿的表現欲。例如在飛行時會不自覺想飛得更高、更快、更炫，彷彿是要昭告天下：「只有我才能做得到！只有我才可以這樣飛！」

每個飛行員幾乎都有過險象環生的飛行經驗，可是一旦順利落地後，就會看到歷劫歸來的飛行員一副志得意滿的模樣。明明當時被嚇得冷汗直流，此刻卻一邊抽著菸，一邊吹噓自己有多行、飛得有多好、如何翻轉操作飛機、在格鬥中又打贏了誰！

如此的表現欲也解釋了為何會有「雷虎小組」的成立。他們在國內通常以四機飛行表演特技；到國外訪問，甚至大膽地飛九機、十二機，把飛行技術表現到了極致，讓人瞠目結舌。把「表現欲」這項特質發揮得淋漓盡致。

然而，這份表現欲與自信心，是來自每一次飛行中不斷努力與學習，凝聚而成的汗水結晶。

（三）無上的榮譽心

飛行員只要出任務，不論天候多惡劣，或遇到任何情況，皆以達成任務為首要。若飛機發生故障，必定想盡辦法要把飛機飛回來；若帶著僚機，也必定想把僚機安全帶回來。這種榮譽心促使我們不畏艱難，冒險犯難、捨生取義、使命必達。真難以言語形容出這份榮譽心產生的使命感！

四、通泉草

一九六九年六月三日，我完成部訓（戰訓），興高采烈地被分發到桃園五聯隊的五大隊，這個有「老虎榮譽旗」的戰術戰鬥機部隊。我當時被分到第二十六中隊。

經過一些必要的飛行考核，我很快就成為正式飛行員。當時我們中隊還在飛老舊的F-86F戰機，所謂「老舊」是因為分發到台南一聯隊的同學都在飛較新式的F-5A/B戰機了，但當時我對F-86F戰機並無「老舊」的分別心，反而因不必換裝就可以出任務，內心既感興奮又刺激。每次出任務都期待老共的米格機出現，擊落它一、兩架，好立下戰功，被老總統召見。

不意一日，進行例行的夜航訓練，我是四架夜航訓練中的四號機，起飛、航行、返場都感到輕易如常，在三邊（外邊）我放下起落架準備落地時，清楚地看到跑道，當時還嫌跑道燈怎麼那麼亮，但繼續下降高度轉到四邊（斜邊），突然就看不到跑道了。我不敢繼續下降高度，轉到預劃的五邊（進場邊），也沒看到跑道，原來是有一層「濃霧」阻礙了我的視線，由於資淺不敢大膽下降高度，只好重飛。再飛到第三邊，跑道看得清楚，為什麼到五邊就看不見跑道？真奇怪！這時到最後進場邊了，依舊沒看見跑道，又重飛了！

此時長機問我油量？問我為什麼落不下來？接著我又重飛第三次，就是落不下來，此時低油量警告燈已亮；第四次進場時，我人膽地由看得到跑道的三邊切入四邊，但進場高了，速度也大，而且落地時只剩下一半跑道可用，我絲毫不感畏懼，還高興總算落地了！滑行中我抬頭察看空中，發現是林口發電廠燃煤的濃煙，在我要落地時正好覆蓋在跑道上空！

這時我才二十四歲，對未來充滿了憧憬。沒想到，那次夜航的第二天，我就被停飛了！一個躊躇滿志、滿腔熱血的年輕飛行員，突然變成了接送教官與同學去飛行的「駕駛兵」和隊上的勤務兵。現在想來，都深感難過！

一日我正閒坐在作戰室前的草地上晒太陽，意外發現草叢中竟然長了許多好美的小花，那淺紅色、淡紫色、白色花蕊吸引了我，我隨手拔了一朵來仔細觀

被冷落的那五年，馮世寬成了隊上的駕駛兵與勤務兵。1971 年 11 月，與接送飛行員的軍車合影。

賞，看著賞心悅目的小花，心情頓然開朗了。這麼美的花，卻怡然自得地生長在沒人關注的草地上！感覺有說不出的勵志。後來我在植物圖鑑中查出它是「通泉草」，有水源的地方就有它。

從那次夜航事件後，我有幾年「顛沛流離」的飛行生涯，但因為「通泉草」給我的無形啟發，讓我每一天看上去都精神奕奕，像個陽光青年。它給我帶來了砥礪，也影響了我的一生！

通泉草，它是我的幸運草！

五、是我上輩子欠你的吧？

剛開始飛行的那幾年，我飛得當然不理想，等飛行時數與經驗增加後，我的膽子也愈來愈大。印象中，我有過三次驚險萬分的飛行經驗，值得一提。

（一）教官救了我

擔任少校作戰長時，一次練飛 AGT（Air Ground Target），我們沿著海岸模擬以各基地外二十浬出任務的檢查航向、油量的檢查點。由於台灣海峽地形曲折，沿海岸的機場形狀都不一樣，我以二十浬設定一個檢查點（Check point）。

奇怪的是，每次我們到參考點時，都會發現一艘中共的大帆漁船停駐在海上，不像是在捕撈，我覺得很不尋常。原本我們就飛得低，索性飛得更低一點。

我心想，這些船絕不是一般漁船，且每隔二十浬就有一艘，一直到馬公都有。我強烈懷疑他們是在進行監聽，很想看看這些船在玩什麼把戲。

當天飛行任務結束後，我提醒作戰管制中心，務必重視這個不正常情況，他們也派了低速飛機去偵巡。

當天下午，發現這些船仍停在原處，實在啟人疑竇。一心想著得做點什麼，於是當我飛過嘉義，就指示二號僚機拖後飛五百英尺，三、四號機飛上位，高度一千英尺，接著我向一艘詭異的大帆漁船飛去。我突發奇想，決定飛得更低一點，打算在接近船隻時，將後燃機打開，接著快速拉升，讓後燃機產生的大推力，把船給掀翻過去。

我們沒有這個訓練課目，因此時間點和角度都沒拿捏好。我拉升太早，船隻紋風不動不說，突然造成高速失速、飛機往下墜落。在空中的同僚們，眼睜睜看著我的飛機快打到船帆，似乎掉到海裡了。沒想到過了一會兒，我的飛機居然貼著海天重新飛起來了！

說真的，那瞬間我也以為自己這下子完了。但就在墜落的剎那間，我赫然想起在飛行學校時，教官曾經特別教過我：「飛機在高速失速時，首要之務是先收油門，柔和地減少拉升G力，將飛機推平，絕對不能急著拉升。」當下我先收了油門，告訴自己絕對要耐住性子，將飛機先推至平飛再加速，再柔和地將飛機拉升。

事後我一直反省，為什麼自己技術那麼差、那麼笨？連最基本的判斷能力都沒有，非常自責。

何況我當時已是少校，還是帶著四架僚機的長機，若真的莽撞地出了差錯，自己沒命也就算了，萬一連帶著僚機犧牲了，我如何承擔得起？愈想就愈覺得當時的自己實在是無知又愚蠢，不該如此違規飛行。

在第二天的每日開飛前任務提示，我即向隊長、各領隊及隊員，坦誠此次的違規事件，並將如何造成與如何轉危為安的經過，向大家做了檢討報告。

二〇二二年初，也就是事發五十三年後，我的教官偕夫人自美回台訪友。我們在台北喜來登相聚，席間我向他報告了這件少為人知的「危安」事件。當著師母的面，我感謝教官的教導，救了我一命！我的教官淡泊名利，他不會喜歡我公開他的名字，但我想介紹他的夫人、我的師母，就是兩岸影劇界的名人歸亞蕾。可是在他當我教官時，我可一點都不知情哦！

（二）媽的，是我上輩子欠你的

另一次九死一生的飛行經驗，是因為起飛後天氣突變，差點釀成無法挽回的悲劇。

當時我們有一位大隊長是戰鬥英雄，在日本當過武官，是溫良恭儉讓型的長官，講話十分溫和有禮，做什麼事情都跟大家解釋得清清楚楚。年輕人本就不喜歡有人耳提面命，只要飛機能夠順利起飛就好了，但大隊長總會在飛行前再三叮嚀飛行安全，加上他個性溫和，對於他下達的指令，我們有時未必照辦。

當時我們的隊長是個好人，但個性衝動。常理上隊長應該聽從大隊長的命令，但有一次，大隊長一早就來電告知，說當天氣候不適合起飛，今天暫時不要飛行，隊長卻無視大隊長的命令，跟大家說：「我剛剛問過天氣室了。」逕自決定照常訓練。

那天飛機剛起飛，連起落架都還沒收，我們就已經在雲中，因此起飛不久，四架飛機就依迷失長機的處置規定分散了。按規定，當飛機起飛無法目視集合的時候，依序各自三十度左右轉開，以免發生碰撞。

當天我們四架飛機各自分散後，因本場（桃園）無法降落，兩架飛到台北落地，一架回到原機場降落，但因大雨跑道溼滑，雲層又低，等看清跑道位置時，跑道已經剩下一半，最後是撞攔截網才勉強安全降落。而我是當天唯一沒有找到合適備降場的，於是爬高以節省油量。此時，戰管不但告訴我，「雷達上看不到你」，也告知全島沒有備降基地。

我心急地問戰管：「天氣不好，你就看不到我了嗎？」

聽出我語氣中的惱怒後，過一會兒戰管才說：「我現在看到你的位置了，你可以下降高度。」

「現在下面是中央山脈，我怎麼可以下降？」我錯愕地反問。

當時都已經爬高到兩萬七千英尺了，還是在雲中。我研判我應在花蓮外海了，如果再不右轉，恐怕就要飛到日本與那國島去了。我決定右轉。幸好我轉的角度夠大，因為就在這時，我看到了山頭，心想：「還好剛剛沒下降，不然豈不是撞山了嗎？」

接著我看到熟悉的台南地標鹽田，知道已經飛到台南附近了，於是對戰管說：「我準備落台南。」

「可是全島目前都沒有備降場，無法落地啊。」戰管又回覆。

「那我會沿著海邊飛，找台南機場。」我們常常飛台南，對那邊的地形地物很熟悉，我有把握可以在台南順利降落。沒想到，當時天氣實在太差，明明就能看到台南基地的跑道，可是當飛機對準進場邊時，跑道又被低雲層遮住，到決定高度（DH）了還看不到跑道，根本無法順利降落。

於是我跟塔台說：「我們已經快沒油了，我們準備順著跑道做反方向進場。」我也跟前座學官說：「我們已經沒有油再飛一個航線了，所以再試著落一次。假如落不下來，你不要害怕，我們就先爬高到兩千英尺，飛到海邊靠陸地的上空跳傘。」

等我跟塔台和僚機都講好後，就開始最後一次試降。

我準備用低空六百至八百英尺環繞進場，因有時進雲，請僚機幫我注意高度和速度，下降到DH高度的時候提醒我。當我聽到僚機提醒我已達決定重飛或落地的高度時，還沒看到跑道。我又慢慢下降些高度，看到跑道前端熟悉的地標物了。我大膽地再下降了高度，總算看到跑道了。我以大角度切入跑道後，就把油門收到慢車，讓它像失速那樣著陸。落地後我要求前座的學官不要動，讓我來用煞車，因為跑道上有水，和乾燥時的煞車使用方式完全不一樣。

落地後，雨大到塔台看不到我飛機的位置。

當飛機停妥後，進入吉普車時，已經全身溼透了。這麼危險的天象，我們還能平安落地，真令人心有餘悸。當天我不知道為什麼身上帶了十塊錢美金，正好可以帶著學官王虎軍到台南美軍俱樂部去吃漢堡。

劫後餘生的兩人，吃著漢堡、喝著可樂時，想起剛才的危險境界，在那樣的情況下還能安全降落，簡直不可思議。看到僚機的手還在控制不住地發抖，我開玩笑地看著他說：「媽的，一定是我上輩子欠你的！」

（三）「要命」的閒話

雖然天候的好壞，與飛行任務是否順利有著密不可分的關係。但相較起來，人為因素還是飛機失事的主要原因。因機械故障造成的飛安事件，比例上並不多，因為飛機都會定期維修，就算飛行中出現小故障，只要飛行員經驗足夠，還是可以克服障礙，順利回來落地。

這一次危險的飛安事件，是因我聽信了別人閒言，對長機不信任，才差點鑄成無可挽回的後果。

那天我們出任務回來，天候突變。我是僚機，這是我第一次和這位長機飛行，但因之前有人跟我講過他飛得不好，我心裡對他的飛行技術有了疑惑。

一開始我跟著長機在空中飛行，覺得他飛得不錯嘛！卻想起曾有人跟我說他飛得不好。

這時，我突然發現長機未遵守GCA應飛一千五百英尺的高度，而是居然維持在雲下高度九百英尺。很自然地，我認定他果然飛得不好。於是當長機轉彎時，我因不信任他的判斷，就沒跟著轉，導致竟然在雲中從長機的下方飛過。看到他由我頭上飛過去後，我就立即呼叫：「Leader two lost!」我看不到長機了，長機在雲裡也看不到我，他不知道我的空中位置，擔心會撞到我，只好以超低空去新竹落地。

後來檢討，長機的判斷其實是正確的，他之所以維持在九百英尺的高度，是因為不想讓我們低空飛在雲裡，那樣容易產生錯覺或暈眩！長機根本就沒有飛得不好，我卻聽信別人說他飛得不行，不相信長機，才會出此差錯。

這也是為什麼我不喜歡聽別人在我面前說閒話。每個人都有自己的做事邏輯，別人下的判斷未必客觀。而且很多人都只是「聽別人說」，並沒有實際跟對方接觸過就妄下定論。飛行生涯中，我深深以此為戒！這也影響我這一生，最不喜歡打小報告或毀謗人家的人。

六、天大的事

年輕時，我曾下定決心要幹一件大事，要不是沒來由地突然發不出聲音，就可能因為這個衝動，犯下一件重大的國際事件。

來生再見了！

我們在一九七一年退出聯合國，一九七九年美國又與我們斷交，全國人民因為外交上的節節敗退，社會上的氣氛如喪考妣。大家都覺得待在台灣沒有希望，如末日將至。那時，到處都可以見到「莊敬自強，處變不驚」的口號標語，提醒國民要共體時艱，共度國難。

台灣退出聯合國不到一年，日本就宣布跟我們斷交。中日抗戰結束後，我們對日本的心結還很深，仍然帶著強烈的仇匪恨日色彩，所以我心裡對日本極為憎恨。加上我們才剛退出聯合國，日本就宣布跟我們斷交，這實在不講道義。不滿情緒的累積，讓我日夜思索如何反擊。

當時我是桃園五大隊十七中隊的分隊長，因與中正機場相鄰，飛行訓練會與民航機起飛的時間相錯開，所以我們都知道國際航班的國名及起飛時間。就在我對日本的不滿累積到臨界點時，默默下定決心，要趁著出任務時，擊落飛日本的航機。

我們飛訓頻繁，夜航訓練後，回到家，兩個孩子都已入睡，隔天一大早又得去基地；出門時，他們還在睡夢中，因此我和孩子們互動有限。下定決心要將計畫付諸實行的那天早上，我特地去孩子的房間，親了親他們，在心裡跟他們說：「來生再見了。」

總是在早上五點起床幫我準備早餐的太太，原本沒有察覺到異常；直到我要出門時，親了一下她的額頭，還抱了她，然後跟她說：「要照顧好小孩，我去飛行了。」太太雖覺得我有些反常，但又因我的表情很自然，因此她沒有多問。

出門後，我想到林覺民寫給太太的〈與妻訣別書〉，以及寫給父親的〈稟父書〉，又想著再也看不到太太和小孩，在騎去機場的腳踏車上迎著寒風，眼淚就忍不住流下來了；但轉念又想，自己是要去做一件有「意義」的事，既然下定決心，就不該再猶豫了。

突然失聲

當天到了中隊，我如常表現，領隊是我，在飛行前的任務提示向僚機說：「今天我們四架飛機出任務，假如長機有問題，3號機，你就是領隊，帶4號機繼續出任務。」因為飛行時不可以空腹，在任務提示後，我找了大家一起吃點東西。

當我坐進飛機座艙，戴上飛行頭盔，準備發動引擎時，卻發現我的麥克風聽不到自己說話的聲音。我向機工長比了個手勢，表達我的耳機沒有聽到聲音，他上來查看了無線電後，跟我說：「換預備機好了。」

於是我戴著頭盔，拖著氧氣面罩、背著傘上了另一架飛機。奇怪的是，換了飛機，我講話還是聽不到自己的聲音，而且是我發不出聲音，我心裡納悶：「怎麼會呢？」我的喉嚨失聲得說不出話來了。

我們的習慣是開完車後，長機會先報出飛行呼號（fly call sign），我的飛行呼號是「HAPPY」，是「Have A ProsPerous Year」的縮寫，要出發時就會一一報數：「HAPPY check in、HAPPY 2 3 4」，再告訴塔台，代號 HAPPY 的飛機一共有多少架，準備滑出。

那天要出發時，我仍發不出任何聲音，卻有聽到僚機 check in 的聲音。這下我急了，跑下飛機，站在滑行道上，跟後方的僚機比手勢，請 3 號、4 號先滑出。2 號機卻還愣在原地，不了解我的意思，我正準備告訴他任務取消，因發現我根本發不出一點聲音！更奇怪的是，接下來一個星期，我完全失聲了，連看醫生都不管用，我的隊長也不知道我怎麼了。

一個星期後的星期六，我聲音恢復了，就趕快去向隊長報到，跟他說：「報告隊長，我也不知道自己為什麼會一個星期完全失聲。其實我突然沒了聲音那一天，原本打定主意想做一件事，只可惜沒有做成。」

隊長問：「你要做什麼？」

「我那天計畫好，要想辦法以飛彈擊落飛日本的民航機。」我氣定神閒地回答。

「真的嗎?你不要嚇我!」搞得他驚魂未定。

「請讓我把整件事仔細地跟你報告。」

我們就坐在作戰室前的草地上,我說:「報告隊長,我覺得日本在這個時候和我們斷交,實在太過分了。我計畫在他們的民航機起飛時,跟在後面,等它飛到海上,就把它擊落。不過隊長你放心,我絕不會畏罪跑到大陸去。等我把民航機擊落了,我還是會回來接受軍法審判。就算被槍斃也值得,我會覺得自己終於為國報仇而感到驕傲。」我很自豪地說。

「糊塗!荒謬!」隊長不敢置信地瞪著眼,出聲責怪我。

「報告隊長,我是有周全的計畫。你去問問當天的僚機,我已在任務提示中,暗示他們如何繼續出任務,都安排好了。可惜我當天失聲了!」

「不可理喻!你知道如果你真的做了,後果會有多嚴重嗎?」隊長臉都嚇白了。

「我知道,我是抱著必死的決心去做這件事情的。」

除了當年的隊長,我從未跟任何人說過這件事。說起來,這件事情要是真的發生了,一定會是震驚世界的國際事件。當年有那種念頭的我,是年少輕狂、思慮不周，但卻自以為是。多年後公開此事，如果做了，我不會後悔！

或許冥冥之中，真的有神佛在護佑，才會讓我在緊要關頭發不出任何聲音。這豈不是天意佑我？

七、我們的 Top Gun

假想敵中隊

一九八〇年，我考進位於台北大直的三軍大學空軍指揮參謀學院七十年班。約一九八一年四月奉烏總司令召見，告知將派我去台東志航基地，空軍的「Top Gun」第四十六中隊（原空軍戰術訓練班）擔任隊長。我們六月才畢業分發，因此我提前知道，我要去這個空軍知名的單位當隊長了！

中隊建立之初，以台南「雷虎小組」成員為班底，成立了「炸射訓練班」。我曾去接受訓練，當時戰術教官的優異戰技，加上完全仿美式的學科與術科訓練，帶給我們全新的戰術概念，讓我印象深刻。

當時的戰術教官，都傳承自我的同學王延正：一位自美國海軍戰鬥機武器學

1981 年，假想敵中隊同袍合影。由左至右：蔡德龍、蔡耀明、劉道聰（恰恰）、賀安心、馮世寬（中隊長）、路精一（副隊長）、戚佩選、唐定中、鐘春天。

校（Top Gun）受訓，並以第一名成績結訓歸來的優秀飛行員。幾乎是他帶給原來的炸射班新的戰術戰法，由飛行前課目的講解、操作模式，以及長、僚機間的相互支援，使我們原有的操作經驗加入了新的觀念及方法。後又有第二位從美受訓回來的蔡德龍少校加入我們的教官陣容，使得我們的陣容更堅強，真正像個空軍的 Top Gun 中隊了。

所謂的「Top Gun」中隊，是每個戰鬥機飛行員人人都想爭取、令人羨慕的單位！再加上我們依敵情，特別將作戰司令部所轄之作戰雷達管制官，擇優納入教學陣容，使我們如虎添翼，士氣高到頂點。

在任期間，我們自美國引進了戰術演練儀（Air Combat Maneuvering Instrumentation, ACMI），使教學成果更上層樓，受訓學員皆受惠良多。我特別將美國空軍官校校部大樓上標示的「Bring Me Man」（塑我成人），引用到我們中隊，改成「Bring Me Fighter」（塑我驍勇善戰）。當時能到「假想敵中隊」受訓的都是各部隊的菁英，教官也是萬裡挑一的好手，於是擔任中隊長的我，戰技理所當然地跟著精進良多，也自覺責任重大。

說拆就拆

當時中隊隸屬的台東志航基地正在整修，所以我們就在嘉義基地掛牌招訓。某次，我趁著飛回基地幫大家領薪水時，想去看我們的新建作戰室蓋得如何？奇怪的是，當我到了新址附近時，居然除了建物，室內竟空無一物，再看我們的作戰室是蓋在半山腰的位置，左鄰有警衛部隊駐守，整個營區是ㄇ字型。我們的作戰室位在中間，左邊是禁閉室，右邊則是庫房。要進營區時，門口矗立著一座警衛部隊的精神標語石碑，而作戰室所在的位置地勢凹陷，一旦下雨，雨水一定會往作戰室匯聚。我心想：「我們又不是做生意的，遇水即發，只會淹水。」

我下定決心，雇了怪手先將傾斜凹陷的地給鋪平。巧的是，我的同學跟怪手師傅很熟，於是師傅非常夠意思地說：「我義務幫你做五天，但是怪手的油錢得要你們付。」這讓我喜出望外。地整平之後，我請師傅再幫我一個忙，我指著門口那座高聳的標語石碑說：「來來來，請把這個『墓碑』打掉。」

怪手師傅疑惑地問：「那拆下來的石頭要放在哪裡？」

我說：「你不是說要填平中間凹陷的土石不夠嗎？把這個『墓碑』打掉，先挖土出來就地掩埋，多的土用來填平凹處，出事我負責。」

就這樣，石碑被打成碎塊，填平了挖出泥土的凹陷處。當警衛營出操回來時，沒看到石碑，以為走錯了。但路徑對啊！怎麼找不到精神標語了？起初還沒人敢來問怎麼回事，後來才來問我說：「石碑到哪去了？」

我指了指地上：「埋在這裡了。」

「真的嗎？」當然他們就去投訴了。

這下連長官都沒反應過來，原來我不只把石碑打掉，甚至連左邊的禁閉室都一起打掉挖出泥土，廢料拿去填平凹坑。

花了一個上午，我就把那些大而無用的東西都清掉了。另一邊的庫房我請他們把東西移走，將空間騰出來，因為隔天我就要把庫房拆掉了。原本他們還半信半疑，後來看到石碑跟禁閉室說拆就拆，才意識到我是說真的。庫房被我拆掉後，我跟他們說：「看到沒有，幸好你們清空了，不然我就把庫房裡的東西一起埋到地下去。」

當時聯隊的參謀長，是我以前五大隊的大隊長，看到我把地整成這樣，忍不住說：「不會吧！有這麼離譜的嗎？」原來，就連他自己開車來，也因為沒見到石碑而迷路。下車後發現這裡居然變成平地，禁閉室、庫房都不見了，就連高聳的石碑也都消失了。但是，終於像個飛行部隊的作戰室了。

我把地整好後，要求其他中隊，把屬於我們中隊的裝備一一歸還。他們一下子發現這個傢伙居然這麼凶悍，最後都來支援我們。十二月中我們自嘉義返航，很快就開始正常運作了。

空中「獵熊記」

一九八一年，我們假想敵中隊由嘉義返防後，分擔其他兩個中隊東部巡邏（CAP）任務。

一日我們接獲作戰組電轉作戰司令部令，在某個時段要完成兩架十五分鐘地面待命，候令升空攔截不明機。作戰室安排由隊長我領隊，記得僚機是機調來當教官的好手常四偉上尉。

我們獲令起飛後，依令爬升三萬英尺直奔綠島方向，在戰管引導下，很快發現了目標。靠近攔截時，發現那是一架俄製大型機，有四具噴射螺槳發動機，可以明顯識別出那是「熊式 Tu-95 戰略轟炸機」。

當我們接近它尾部時，由雷達操控的尾部機砲，以上下左右擺動對我們示警。因它並無進一步敵對行動，我們保持規定的間隔與距離在左右側後方伴隨。此時戰管要求我們報出它的機號，查證它是否曾經來過，因此我們有了接近它的機會。接著它開始爬高，利用雲層來隱蔽，我們得用雷達鎖定，以防目標消失。看到高度表已爬升到五萬英尺了，然後它加速下降，好像和我們在玩捉迷藏，因為它又會故意進雲。我們一直都能向戰管報出它的高度與方位。

我們任務機帶的是中線油箱，僚機報出「BINGO」（最低返航油量），這時我們已飛了近一小時四十分鐘了，不得不返航。此時我們的方位已在防空識別區東南角的斜邊上了，我下令以最佳飄降速度二三五浬回航，並採直線進場。落地後，我們各機的兩個低油量警告燈都亮了。如今回想起來，它航向不變，以高度變化來表示知道我們攔截它，他們竟然利用雲層來和我們「躲蒙蒙」，雙方也沒有產生敵對的衝突，相當有趣，也令我難忘！

得遂凌雲願

空軍官校校歌的頭兩句歌詞是這樣的：「得遂凌雲願，空際任迴旋。」我想，當時就是我在空軍最「得遂凌雲願」的時刻。只可惜，我才任滿一年，就被選任駐沙烏地阿拉伯王國，擔任空軍副武官去了。

雖然離開了「台灣 Top Gun」，但我與 Top Gun 的緣分不只如此。一九八六年五月，美國拍攝了《Top Gun》這部叫座的電影。一九八六年八月在台灣上映時，將「Top Gun」翻譯為「捍衛戰士」。當年電影主角湯姆．克魯斯（Tom Cruise）靠著瀟灑精湛的演技男女通殺，主題曲〈Take My Breath Away〉更是風靡一時。劇中他與女性飛行教官凱莉．麥吉莉絲（Kelly Mcgilli）的一段情，不知帶給我們多少年輕的飛官憧憬與遐想。身為正港空軍飛官的我，深受劇情所感，將這部電影奉為經典，看幾十遍都不會膩。

沒想到就在三十六年後，《Top Gun II》問世了！主角湯姆．克魯斯容顏依舊，劇情更加引人入勝。在 Happy Hour 的酒吧與舊情人相逢、戀火復燃，卻被戀人的女兒碰了正著。那情節，那對話……真的是經典中的經典。

明明十多個男女演員沒有一個是飛行人員，卻有辦法演得那麼寫實精采，我都自嘆不如！充滿人生溫馨的劇情，加上對任務人員的透析寫真，讓我忍不住看了又看，還想看。每次觀賞時，我都在找回我年輕時充滿理想的身影！

八、沙國拾趣

和平的官司

被外派到沙烏地阿拉伯擔任副武官的時候，我還很年輕。當時台灣跟沙烏地阿拉伯還有邦交，兩國軍方合作的「榮華案」也還在執行。榮華案是台、沙兩國合作開發軍用車輛的計畫，目標是要打造適合在沙漠環境中行駛的軍用車輛。

可惜我到沙國時，榮華案已進入尾聲。後續有不少行政程序及資產必須處理，所以我在沙國的第一個主要任務，就是負責妥善結束這個合作案。

原本我以為只是準備一些必要文件就可以，沒想到，承租的辦公室房東，居然控告我們拖欠三個月的房租未繳。

沙國使用伊斯蘭曆，我們使用西曆，伊斯蘭曆跟西曆有大約五十天的日差。按照西曆來看，我們根本還不到要繳錢的時間；但算伊斯蘭曆，我們確實已經逾期。

原以為雙方打官司，可能會勢同水火、劍拔弩張，但到了上法院訴訟的那一天，對方居然還特地派公司的賓士600豪華大轎車來接我。

開庭前，法官請我們先在外面稍等。沙烏地阿拉伯的公共場合很少有椅子，大家都習慣席地而坐，當時雙方還坐在一起聊天，氣氛十分融洽，根本看不出來誰是原告、誰是被告。

進到法庭，法官要我先行陳述，我請國安局一位會阿拉伯語的友人答辯：「簽訂合約時我方使用的是英文，原告卻使用阿拉伯文，所以雙方有認知上的落差。」這時法官轉頭對原告說：「對方既然是外國人，當然用西曆。而你們用的是伊斯蘭曆。他們用的曆法跟你們不同，對外國人來說，一年的期限還沒有到，我覺得他們沒有罪啊！」

沒想到出庭應訊就這麼簡單，這場官司平和地結束了。我跟原告說，我們會準時歸還房子，並且確保房子完好。他還送我回大使館，雙方沒有因此不歡而散。這可真是一樁值得回憶的事。

懶散的習性

除了榮華案，台灣和沙國的合作案還有列為機密的「大漠專案」。這是一個特殊的計畫案，我們空軍第一次應沙國之請到第三國執行防空任務，行程是由國內搭華航班機落沙國吉達國際機場，再由停放在國際機場內的沙國C-130運輸機載到沙國泰伊夫機場整備。但是在華航班機落地後，要沙國派接駁車協助載運人員、貨物及行李去海關檢查，再登上他們的C-130運輸機。

我得先去他們的空軍基地通知一位聯絡官，我們都是中校，他對我很客氣。但我去找他時，他往往還在睡覺，叫醒了，他起床後動作又慢，即使我說飛機快到了，他還是一樣不疾不徐。

有一次又有任務，好不容易叫醒他，發現他們的巴士竟然要去加油，此時飛機即將抵達，我有點生氣，跟他說：「昨天就告訴你了，為什麼不能事先做好準備呢？」這次他看起來有點急，但動作也不是很積極。

經過這一次折騰，我心想以後絕不能讓他再犯同樣的錯，所以當我知道飛機預期降落的時間，就去叫他起床，跟他說：「飛機快來了！」一切就緒後，他才發現飛機還要三十分鐘才會抵達，這位阿拉伯老兄問我：「怎麼這麼早就來叫我？」我跟他說：「你上次差點把我害死，所以我學乖了。」所幸大漠計畫在我任內一切順利，也讓我感受阿拉伯人凡事有阿拉保佑、做事從不緊張，這是他們懶散又樂觀的習性！

沙國的沙威瑪

在沙烏地阿拉伯，我吃過非常好吃的沙威瑪。對當地人來說，沙威瑪就好像美國人的漢堡一樣，是他們的國民美食。

沙威瑪有牛肉、羊肉、雞肉三種，每一種都好吃。他們會把新鮮的肉串成高塔，然後用火轉動式慢烤。客人來買的時候，廚師會先把麵包切開，在中間塗上優格，然後把剛烤好、還滴著肉汁的烤肉放到麵包裡，再將洋蔥、蕃茄等配料陸續加進去，一口咬下，滋味絕佳，現在想起來還是忍不住會流口水。

回台灣後，就再也沒有吃過那麼好吃的沙威瑪了。隱約記得羅斯福路三段上有一個攤子，是個埃及人在賣沙威瑪，雖然也滿好吃，但我還是更加懷念沙烏地

上）大漠案軍官合影。1983 年國慶日，攝於吉達大使館。左一為馮世寬，左二為中林恆中校（海軍副武官）。

下）羅斯福路上的沙威瑪滿美味的，但記憶裡的沙烏地阿拉伯口味，更叫人魂牽夢縈。

阿拉伯當地做的口味！

口袋裡的私章

一日，我到吉達軍用機場去接採購人員，到了大門口，衛兵通知我要去機場海關，卻沒告訴我原因。到了海關才知道，我們的採購人員被扣留了！因為他們提的007箱子裡裝滿了沙國的貨幣，那是他們沙幣的月薪，帶來吉達打算換美金的。以往從未有過類似的檢查，自然也從未出過問題。

在表明身分協商後，他們要我寫一份證明文件才可以放行。我完成了一份證明的英文稿件，並簽上我中、英文的名字；這還不夠，海關人員又要求這份證明要有大使館認證。這就麻煩了，因為從機場海關到大使館來回要三小時。如果我解釋太多，會讓他們感覺不被尊重，如此又會節外生枝。

我煩躁地將手插進口袋裡，沒想到，恰好在軍褲前面的小袋裡，摸到了自己的木質私章。當下，我反應極快地拿出來說：「這是代表大使館用的印信。」因為沒印泥，我只能對著私章連哈好幾口氣，竟然也成功蓋出了完整的印記。我故作淡定地告訴他們，我特別帶了這個印信，用來證明這是採購人員的薪俸。就這樣，我順利解除了可能被扣留的危機。迄今想起來，還是覺得挺神奇的：我無緣無故帶著自己的私章幹麼？

永生難忘的菠菜

我在沙烏地阿拉伯時，還沒有大型果菜市場，只有不定期的大市集，會在沙漠裡將來自各地的蔬果匯集在數十輛四十英尺長的貨車裡，到了市集拿下來出售，價格便宜又新鮮。使館同仁都有默契，大家買了以後再隨喜交換。我們享用過埃及鮮紅色的大石榴、約旦帶綠葉的新鮮柳丁及無子葡萄，蔬菜種類更多得不勝枚舉。

值得一提的是那些市集銷售人員，看上去像外地來的葉門人。有次他們聚在一起，可能是在用早午餐，他們看到我們帶太太、孩子一起出來，便熱情邀請我們一起吃。

那只是麵包、豆醬及跟豆腐似的鹹水起士加個番茄炒蛋，也滿豐富的。看他們吃得津津有味，我受不了誘惑，也為了表示友善，上前表示接受。

他們客氣地把正在生食的小型菠菜拿給我，要我「耶啦！」（吃啊！）我一口咬下，卻感覺吃了滿嘴的沙，顯然他們的菠菜沒用水洗過，裡面全是沙子。而我為了表示好吃，硬著頭皮又咬了一口，換來他們很高興的笑容。

將滿口沙子的菠菜硬吞下肚的感覺，真的是永生難忘！

我坐了一整夜

有一年，聯勤總司令部的測量劉署長來訪。我特別提醒他，不要用左手拿任何東西吃，因為依照沙國習俗，左手是他們「大解」後清潔用的。測量署有一特遣隊進駐沙國，協助他們國土的專業測量，因此對於測量署長的來訪，沙方以特別貴賓的規格接待。

當天晚上，沙方特別在沙漠裡以烤羊大餐招待我們。他們在一塊較為平整的沙地上鋪上毛氈，主客依序相對而座，形成一個約二十人的橢圓形餐會。

每個人前面都有一個不小的不鏽鋼盤子，沙國人將烤好的羊眼睛，由香噴噴的烤羊頭中挖出，準確地丟在署長的盤子中央。羊眼睛落到盤子裡時，他嚇了一跳，我也吃了一驚，我們這才知道，原來烤熟的羊眼睛脫框而出，比雞蛋還大。

接著沙國人又丟過來不少羊肉，我們不是吃肉的民族，吃一、兩塊尚可，多了就沒本事享用了。出於禮貌，我還是勉強把自己盤中的肉全塞下肚。這時，署長不經意地用左手拿肉給我吃，見狀我連忙把他左手壓下去，提醒他不要用左手，同時趕緊接過那塊肉塞進嘴裡。

羊肉很好吃，但這場高規格的餐會，最終讓我留下了難忘的回憶。原因無他，在我將署長的羊肉也硬塞下肚後，才意識到自己過量了，肚子裡的羊肉快滿到喉嚨。回家後我僵硬地坐了一整晚，無法入睡，想著我的腸子一定像塞滿了羊肉的香腸！害得我一晚上都沒睡！

阿拉伯人的習性

初到沙國人生地不熟，語言又不通，一位好心的大使館祕書帶我去買肉，也不知道他和那個像葉門人的肉販講了什麼，肉販切下一大塊肉，一秤，有些超重了，那位祕書似乎有意見，我就看那個肉販左切右切的，好不容易才完成。

輪到我時，因為我只會講阿拉伯數字，就告訴他「特拉沙」，還比了三根指頭表示買三公斤（沙國度量衡用公斤）。肉販切下來一秤，比三公斤的肉多，他向我比手勢說「哈拉斯」（算了啦）。我想著不能白占人家便宜，付他錢的時候就多付給他一塊錢。他看到後也沒多說什麼，只是要了我手上的車鑰匙，比手勢叫我去買別的東西，他會把肉放在我後車廂裡。

等我買完其他東西回來，向他拿回鑰匙打開了後車廂，一看，怎麼會有好幾包東西！我把那幾包東西提回去，以手勢告訴他，你給錯了！他笑嘻嘻地又幫我提回車上，比著手勢，意思好像是：「送給你的啦！」回家後，我拆開包裝，又嚇了一大跳。先打開最重的那一包，是顆大牛頭，另一大包是一條帶毛皮的長牛尾，還有稍小的一包我以為是牛腸，清洗時才發現那是牛鞭。

你說阿拉伯人可不可愛，你仁厚，他一定慷慨，真是個令我感到溫馨的回憶。

首見種子瓜

一日，我到市集去買水果，看到有在賣西瓜，一看就知道是埃及的，因為那顆西瓜個頭不大，外皮花紋明顯。而埃及西瓜通常皮厚、子多，肉少，但很紅又很甜。在沙漠能有西瓜吃就很好了，我還有什麼好挑的？

於是我揀了一顆又大又便宜的買回去，沒想到用刀切不動，弄了老半天，最後只好用砍的。好不容易剖開來，一看傻眼了，怎麼是全黑的？紅肉呢？

原來它是顆種子瓜，裡面全是一顆顆大粒的種子，我們竟然在沙國吃到了埃及瓜子啦！塞翁失馬，焉知非福呢？我把它洗了，晾乾炒成西瓜子，別有令人難忘的風味。

沙漠娛樂情

一次和英美兩國大使館同仁約好一早去沙漠騎摩托車，我和他們相約在「PANDA」（熊貓）商標的街口見，因沙國昔時沒有街名。等了許久，他們才找到我們，告訴我，吉達市有好幾個「PANDA」。

後來我們好幾家去玩，孩子們騎四輪車、大人騎摩托車，上坡馬力不足翻了車也不會受傷，挺有趣的。我們各自帶了食物交換吃，又如吃自助餐，真羨慕洋

上）女兒馮詩琇在沙漠騎車的英姿。

下）兒子馮敏強在沙漠騎車的英姿。

人到哪都會自得其樂，我們聚會了兩、三次，也讓我們全家留下美麗的回憶。

沙國人的三寶

和他們的約會，一定要習慣他們的遲到或不到。如是一個飯局，千萬不要有「一網打盡」的想法，他們會一個都不到。我們國人習慣餐會上都會喝酒，他們不會一起出席，因為宗教信仰是禁酒的。

當你準備了一大桌菜，他沒出席，你客氣地問他為什麼沒來，他會回以：「麻內許」（沒關係啊）、「柏克粒」（明天吧）。

誰還會明天再請一次啊？他們還會說「因夏拉」，意思是，看阿拉的意旨。請別生氣，去沙國就應了解他們的習慣。如有求於人，下次以「單兵出擊」再試試看吧！

上）與巴基斯坦巨人（251cm，186kg）合影。1984 年 5 月 16 日，攝於駐沙烏地阿拉伯大使館內。

下）馮世寬全家與駐沙副武官（後排中）合影。1985 年 3 月，攝於利雅德大使館。

上）1984 年 6 月，全家合影於沙國首都利雅德大學。由左至右：妻子陳玉華、女兒馮詩琇、兒子馮敏強、馮世寬。

下）全家合影於沙國利雅德大使館區，某非洲國家大使館。

九、榮譽短刀

擔任五大隊政戰主任一年多後，考取昔時三軍大學戰爭學院將官班受訓，結訓後順利接任第五大隊大隊長。

第五大隊不是這個樣子

一九八五年十月自沙烏地返國，奉郭總司令召見，談到現在五大隊竟然在迎賓演習上集合都集合不上。接著話題一轉，問我願不願意去華航。我知道這是長官特別照顧，但是我報告說：「我不想去，我要回五大隊飛行，因為五大隊在我心中不是這個樣子。」

回歸榮耀

接任大隊長後，我與當時的副大隊長是老戰友，商量如何提升大隊士氣與戰力。我們計畫先在部隊裡進行考核，包括考核官、教官、領隊，為激勵士氣，增加榮譽感及向心力。凡通過考核者，部隊就授予第五大隊特製、名為「成仁取義」的榮譽短刀。

當時的授刀儀式十分慎重。首先，將每把短刀造冊列管，上有獨立編號，同時記錄持刀人的姓名、出生年月日、階級、職務，以及授刀日期，並將持刀人的照片一併列

1988 年 5 月，馮世寬大隊長任內，第五大隊光武演習圓滿成功。

上）第五大隊幫馮世寬（左一）慶生。1988 年 11 月 25 日，攝於第五大隊俱樂部。

下）馮世寬（右一）腰間佩帶著榮譽短刀。

入名冊中。

這把短刀其背後的意義，不僅讓受贈者獲得榮譽，同時也增強飛行的信心。這個方法確實成功提升了第五大隊的士氣，激發了所有人的鬥志，進而讓部隊戰力更加精實。後續在國防部的訓練成果查核中，查核人員對於第五大隊的戰力與能力都留下極高的評價。

這件事不但傳遍空軍，甚至連日本駐華祕書（武官）在製作「亞洲特殊將領傳」時，都來採訪我如何用一把短刀（採訪時我已在漢翔當董事長）激勵士氣、增強部隊戰力，進而在國軍部隊考核中名列前茅。

我相信，當年能夠領到此刀的同袍，一定個個都深感榮耀，並且一定還有人保留著這把短刀。當時第五大隊的同袍，如今都已上了年紀，不過當年，只要我們說自己是第五大隊的，總能看到旁人投來欣羨又敬佩的眼光。這是一件值得傳述的故事啊！

十、外號「鬼嚇跑」

一九八九年，台東志航基地的中校飛行員林賢順，開著 F-5E 戰機叛逃至大陸。事情發生後，當時的空軍總司令派我去收拾善後。到了台東志航基地，才發現這個基地地處偏遠，有好多自成一格的事，需要悉心重整。

我當五大隊大隊長期間，一日接到總司令打電話給我：「馮世寬，你去台東，到了後給我報告。」我如丈二金剛摸不著頭腦，就這樣成為台東基地的政戰主任了。

我什麼也沒問，甚至連行李都沒整理，第二天就乘雙座機至台東志航基地報到。

抵達志航基地後，我撥電話向總司令報告，他說：「世寬，林賢順逃跑之後，台東基地的士氣低落，你去幫我處理善後。」實際了解基地的狀況後，我發現他們的問題不只是士氣低落，而是連紀律都很差。

我上任的第一天，到飛行管理室視察，個個都一副「這人是誰啊？」的神情。但我對他們的態度視若無睹，只要求他們隔天早上把過去關於飛機放行的規定準備好交給我。

沒想到隔天居然收到一個陳舊不堪的資料夾，一看就是在敷衍了事。而內容與西部基地相比，真天壤之別，怎麼能不出事？我教他們如何改正，惹得我滿肚子怒火，實在忍不住了，當場丟下一句：「媽的！你們這樣子搞，明天早上如果再沒改正，統統槍斃！」

他們意識到我是玩真的，第二天拿到的資料整齊如新，沒人敢再像之前那樣漫不經心行事。

飛行員出任務前，必須填寫一式三份的任務派遣單，當天一份送去塔台，一份送到飛行管理分隊，最後一份則是飛機要滑行出去前，交給衛兵檢查。而且還要依時段送，每次只能送一次要飛的任務派遣單，以免搞混。最後，衛兵要確認是當天出任務的飛機，才能予以放行，否則就要立刻打電話向塔台查詢，再不行，馬上攔截不准起飛。

沒想到，這裡長久以來，都是在前一天晚上就把隔天出任務的三聯單一次開立完成，甚至連章都蓋好。這簡直無法無天，不守紀律到極點。也因此造成林賢順明明沒飛行任務，卻可以輕而易舉地飛出去。

發現問題後，我要求他們立即改進。除了三聯單必須切實按我全新規定執行，從服裝儀容到軍用車輛整潔，都要求他們按規定，開始一點一點地改善。很快地，志航基地就重新建立部頒規定應有的秩序。

所以像我這樣做事的人肯定不討人喜歡，無論去到哪裡，連鬼都會怕。我總說別人是鬼見愁，我是更進一級的「鬼嚇跑」。

十一、美國武官

在美國武官任內，是我在數十年軍旅生涯中，對國家最有貢獻的時期。這原不在我的人生規畫中。從起初的甄選、筆試、面試開始，到最後獲選，充滿機緣巧合，說是命中注定，一點都不誇張。

神奇的《The China Post》

參加美國武官考試的前一晚，我主持高級長官來訪的晚會，回到宿舍已是深夜。隔天早上要到大直外語學校考試，七點多就得從台東搭飛機到台北。

候機時，我在書店看到《The China Post》，問了店員多少錢，店員說十二元。我掏了老半天，全身上下怎麼湊也只有十一元，只能不好意思地跟店員說：「對不起，我錢不夠。」

正想把報紙放回去，沒想到店員說：「沒關係啦，你拿去看吧，下次來再給就好。」

「那能不能請你至少先收下十一元？」

「好啦，那你把錢放著就好。」

於是，我就這樣帶著那份《The China Post》登機，在飛機上把報紙打開消磨時間。

進到考場，拿到試卷的那一刻，我差點沒興奮地喊出聲。沒想到，剛剛那份《The China Post》上的報導，居然都變成了考題。我還記得英翻中的考題是翻譯一篇關於羅馬尼亞的民主運動；中翻英的題目則是科技發達促使交通往來的便利，好像是交通便利也產生了災難。

我把在《The China Post》讀到的內容飛快地寫下來，很快就交卷了。口試也極順利，最後得到去美國當武官的錄取通知。

擔任美國武官期間，一雙兒女在某場婚禮中獲邀擔任伴郎與伴娘。

力求公正

任內首先接待的高級長官，是原美國武官甄選時的空軍總司令，後升任一級上將參謀總長，赴美就任就是他核定的。

一日在陪同他及夫人於下榻的華府四季飯店用早餐後，聊到這場人事選拔，才知花樣百出，最後人事案等他核定，以我學經歷完整勝出。

得悉全案原由，影響了我的一生，在人事運用時是為國舉才、選賢與能，應力求公平、公正，讓我一生奉行不逾。

爭取 F-16

我出任美國武官期間，當時台灣派駐美國的代表是丁懋時先生。有一次，丁先生以晚宴款待美國參議院軍事委員會主席山姆．納恩（Sam Nunn），並找我作陪。目的是希望爭取我國 F-16 戰機的軍購案。

那天陪同參議員出席餐會的成員中，有一位我不認識的中國人，這人大放厥詞地批評台灣飛行員，又說我們的飛機維修技術也不行，把我們空軍講得一無是處。我最終忍不住起身對著納恩參議員說：「參議員，那個人根本是在胡說八道。今天先不講我們飛機的失事率，光是我們的飛行員從來沒有因為飛機老舊而拒絕飛行，這種精神就是非常了不起的事。」

納恩參議員深受感動，對著我說：「你講的這番話，我們都聽到了。」不久，美國老布希總統就宣布賣給我們 F-16。我無法確定美國同意軍售的決定，是否跟那晚我對納恩參議員說的話有關。但我肯定我們國家的飛行員都是使命必達的。

勇者無懼

我認為軍官的養成教育如指揮參謀學院、戰爭學院，須依現代化的需求不斷更新。一次當時海軍參謀總長劉一級上將到美國訪問，在德州福特沃斯候機時，我大膽跟他報告自己的想法：

報告總長，您出國回來送給部屬的伴手禮，往往是書籍而不是禮品，這讓我很敬佩，這也是為什麼我現在敢跟您報告這件事情⋯⋯

第一，我們軍官學校畢業後的養成教育，以及後續的進修教育，都是在塑造培養軍隊的領導人才，但現在這些教育內容卻浪費了我們很多時間。有些課程內容，早在軍事學校的時候就已經學過了，像《孫子兵法》我在幼校時就已經背得爛熟。我認為現今戰爭學院的課程更需要調整，因為進到戰爭學院接受訓練的軍官，都是未來的部隊長，授課內容應該要注重現代管理學等相關知識。

再者，語言能力也很重要，軍人在進入部隊後，根本沒有時間學習外語。但外語是跟外國人交流時最基本的條件，我們應該把語言訓練的時間至少提高到受訓時間的三分之一。

最後，現在早就是洲際彈道導彈（Intercontinental ballistic missile, ICBM）的時代了，一顆飛彈就可能摧毀一座城市，我們的授課內容卻還在強調當年國軍是怎麼用五百支步槍完成北伐。應該傳授新的戰略戰術，培養具全球化概念的軍事人才。軍校的養成和深造教育，要培養的

與駐美副武官夫婦合影。1992 年國慶日，攝於國慶酒會。由左至右：馮世寬、陳玉華、林中斌、王正霄夫婦。

不只是軍人，而是具有豐富知識與見識的未來軍事領導者。

您知道台大一個系的年度預算，比空軍官校一整年的預算還多嗎？既然我們也是四年制的大學，為什麼不併入教育部？今天我們的學士教材都是教育部規定的。我們是不是應該把各軍官學校的授課內容跟一般大學接軌，軍事的部分由國防部來管，學術的部分就應該符合教育部的規定。這樣才能確保軍校的畢業生符合國軍建軍之需求。如將軍官學校納入教育部管轄，那麼相關的預算是否該由教育部負責，如此一來，軍校豈不是可以有更充裕的經費與師資？

當時我還年輕，當面跟參謀總長報告這些，雖有些冒進與魯莽，但我確信這是件非常重要的事情，該有人向上級反映。我始終很感念總長並沒因為我只是個武官就拒絕溝通，而是仔細聆聽我的建議。

上述總總，是我在擔任美國武官時，極力為國家爭取權益與機會。直到現在，我依然堅持著當時的信念。

十二、凶悍的聯頭仔

一九九四年，我擔任台南空軍基地的聯隊長，當地人很尊敬軍人，每次遇到我們都會熱情地打招呼。他們都用台語叫我「聯頭仔」，意思是領頭的聯隊長。每次聽到有人這樣叫我，我就喜歡開玩笑說：「你們的『聯頭仔』嘛是『緣投仔』！」和大家搏感情。

是基地的垃圾，我當場吃掉

當時台南聯隊基地外有一條「護城河」，說穿了就是條大水溝，面寬超過一公尺，水深比一個成年人還高，裡面滿布砂石。萬一不小心落水，要爬上來非常困難，再加上坡地的砂石及垃圾不斷流進溝裡，所以淤積很嚴重。

我去台南赴任時，在當地飛行多年的老同學大熊，數次與我提及台南營區最怕颱風來襲。一旦淹水，飛機都會飄移；一旦飛機泡水，後勤整備繁重不已，必須確保一切正常後，飛機才能恢復戰備。所以我都會安排颱風季前請士兵來清理大溝，以免下大雨時造成淹水。

我在台南營區外頭檢視「護城河」時，在地民眾總抱怨這條水溝裡面太髒，而且有太多垃圾。也有人告訴我，晚上常有人跳牆，有時也會爬不上去，很危險。經過兩、三次的觀察後，我發現要確保護城河的乾淨順暢，清淤之外，還要解決爬牆的問題。於是我在營區牆邊豎起一個牌子，上面以大大的字寫著：「有事請假，一定准假，不要爬牆。」完全沒有提到任何懲處，自此再也沒人爬牆出去了。

沒多久，我又遇到附近居民，就問他們：「晚上還有人爬牆進出嗎？」民眾說：「很少見到了，那你是怎麼做到的？」

我開玩笑地說，我把爬牆的人統統槍斃了。

一日，下大雨，營裡沒有淹水，護城河卻堵住了，水還淹過了馬路。有一群民眾跑來營區門口大聲叫囂。我出去一看，發現水面上都是廢棄的便當盒，把閘門堵得死死的。

我在營門口下車，走向這些大吵大鬧的民眾：「你們哪一個人不認識我？不認識的人舉手。」

他們沒有一個人舉手，我繼續說：「我們才清理過不是嗎？這樣子，衛兵們把鞋子脫了，下去把那些堵在出水口的東西撈上來。假如那些垃圾是基地丟的，我當場吃下去，但如果是你們扔的，你們派一個代表來吃，現場誰要？」一下子，原本大聲嚷嚷的民眾突然靜默，很快就陸續離開了。

我之所以敢這樣說，是因為知道那些廢棄的便當盒等，絕對不是基地的垃圾。因為部隊伙食辦得好，沒有官兵需要去外頭買便當。更不會有人在基地吃完便當之後，還特地爬牆把便當盒丟到大水溝裡。這也是我為何有信心絕不是我們的垃圾。自此事件後，就沒人再把垃圾丟進護城河，在我任內，大水溝似乎沒再有淹水的問題了。

我們去投汽油彈

現在的社會環境及政治氛圍，跟我在當聯隊長的時候截然不同。很多當時可以做的事，到了今天，即便是於法有據，很可能還是窒礙難行，若硬是去做，可能會引起很大的輿論反彈。

我在台南當聯隊長時。當時空軍在屏東的佳冬靶場，是屬於我們聯隊管轄。因靶場夠大，不法農民會偷偷把鳳梨種在靶場裡，軍方三番兩次勸阻無效，只好訴諸法律。判決結果是農民敗訴，必須把地上物清除，將土地歸還給軍方。但不法農民依然故我。

為解決這個問題，我親自去佳冬靶場實地了解情況。當我的車子開進靶場的產業道路時，正好有一輛農用拖拉機緩慢地走在前頭。產業道路很窄，又都是單行道，後方的車子沒辦法超車，我只好忍耐，在後面慢慢跟著。事後我才知道，原來是他們知道我要來，特地要給我下馬威。

好不容易到了靶場，駐守的士官班長告訴我，法院已經判決要不法農人返還土地，但他們就是不配合。我想了一下，既然已經溝通多次無效，只好採取其他手段。於是我跟負責管理的士官長說：「明天早上六點鐘，我們會出任務。」

我刻意不明講，隔天要投擲的是汽油彈。回台南後我才下令：馬上派資深人員當管制官，準備十二架各掛兩枚汽油彈的任務飛機，明天一早去佳冬靶場練習投彈。

當天我飛對地攻擊的四號機，一到地標地靶射擊線，長機就下令投。把一片違法又違安偷種的鳳梨田燒掉。才剛投完第一批汽油彈，據聞那些原本氣焰囂張的不法農人在旁邊大喊：「哎呀，不要再投了！」

隔天，我再度從台南乘車到佳冬靶場，產業道路上再沒有出現故意放慢的拖拉機。我問當地管理的士官長，那些不法農人的反應，他說：「農人說他們馬上就會來挖了。」

「沒關係啊，不急嘛。」我語帶笑意地說。

「還有，你們管理靶場的三個人明天就調差，因為你們三個人監督與管制不實，有瀆職之慮。有沒有意見？」

三個人都沒講話。

「如果沒意見，那就安排調到外島。今天下午就有人來跟你們交接」。

會有如此安排，是因我發現，這些農民之所以敢長期霸占國有土地，是因當地管理靶場的人有私下縱容之嫌。我把他們全都調走，重新換了一批人進駐，從此再也沒有農民不法之事發生。

當天駕駛阿斌載著我從靶場開車回台南。車子開了一段路之後，我問阿斌：

「我們車子的後輪胎是不是被人家放氣了？你都沒有察覺嗎？」

「沒有吧……？」阿斌一臉疑惑。

「停車檢查一下吧。」我說

「輪胎是好的啊。」

「那為什麼感覺車頭好像是翹起來的？」

結果阿斌把後車廂打開，才發現，裡面裝滿了鳳梨，還有當地養雞場送的又大又新鮮的雞蛋。他們擔心我們隔天又去投彈，希望我們可以給他們一點時間，讓他們把地上物移除。

現在想來，如果事情是發生在今日，我的做法可能會被不分青紅皂白地批判到體無完膚吧！

驚天動地的「雷虎演習」

一九九四年，我在擔任台南聯隊長期間，曾經舉辦過一次「雷虎演習」。為了提升基地防衛作戰能力，我決定在十二月份舉辦一場演習，定名「雷虎」。以漢光演習的規格為標準，切實演練。凡是聯隊裡的所有成員，包括聘雇人員，統統都要參與。

演習視同作戰，因此，設定演習期間不供應膳食，統一發放戰備乾糧給所有參演人員食用。為此，我們還特地跟嘉義的基地調撥，等我們部隊申請的乾糧撥下來之後，再還給他們。

我要求成立戰時傷患救助所。我們空軍基地都有自己的小醫院，早在演習前一個月，我即要求基地裡的六十七位雇員，每個星期都要參與傷患包紮訓練，我多次親去現場查看他們的練習狀況。一開始大家包得實在是慘不忍睹，有些人的頭部包紮，被我戲稱像是在戴圍巾或包粽子，我的要求非常嚴格。

演習當天，我安排傷患到醫務所進行包紮，發現大家一個多月的訓練結果很不錯，包紮得有模有樣。但這時，我問了一旁醫務所的人員：「假如有重傷患，你們會怎麼處理？」

「我們就用擔架把他抬去就醫。」那些負責醫務的雇員回說。

「那好，你們示範給我看。」

當時天氣很熱，大家都坐在一棵大樹下乘涼，聽到我要他們展示如何把傷患抬去病房裡，他們就找了一個身材瘦小的人來充當傷者示範。

我說：「你們也不要走遠，就繞著這棵樹走一圈就好。」

抬著傷患的兩位雇員很輕鬆地繞了大樹一圈。

「好，現在換人。」我指著我那位體格壯碩、體重高達一一五公斤的參謀，要他躺到擔架上。結果派出的四個雇員，使出吃奶的力氣，不但抬不動，還差點把擔架弄翻。

「這表示你們練習還不夠喔！」我說。

因為我要求嚴格，在背後被他們罵慘了！但這是我該做的吧？

演習日當天清晨，實施「天光一號」演練，所有人車於「破曉」時分各就各位，在廣場上按建制集合。為了增加演習效果，我特別設計類似「巴頓將軍」的鋼盔，上面裝飾一顆將官金星。我乘坐有閃燈的軍車，在部隊前快速煞車（經過設計與模擬），下車緩步走到隊伍中央，接受指揮官敬禮，報告參演人數及實施課目。最後我大聲宣布：「演習開始！」

事後據參與人員說：「那一剎那，全體參演人員都深受震撼，提升了臨戰的感覺。」

演習第一個環節，是警衛部隊實際示範如何阻擋並制止暴徒，我們特地安排了一個連的兵力來扮演暴徒；此外，在防暴演練的過程中，也會有假扮的中共人員自空中降落到每個碉堡上。

在宣布緊急情況的同時，所有地面防衛該做的科目，都必須實地操練一次，就跟實際戰爭一樣逼真。這樣的震撼教育，目的是要讓部隊全體產生戰鬥意識。

所有參與的隊伍，在演習過程中都要拿著隊旗，赤腳行走大約兩百公尺。那段路上有機場跑道維修用的基配料，通常都是很多顆粒狀的石頭，赤腳走起來真的很痛。記得我同學的太太，是部隊裡的雇員，在練習時看到我，就指著我的鼻子說：「你最會出花樣了！痛死我了！」

後來輪到我帶著聯隊部人員去行走，我也跟大家一樣，把鞋子脫下揹在肩上，連襪子都沒穿，一腳踏下去，心裡忍不住罵：「媽的！真的好痛！」雖然如此，我還是堅持大家都要走，一邊走還要一邊唱軍歌，這樣才像是要去打仗嘛。

演習一直進行到傍晚；結束之後，為了體恤大家的辛苦，我請所有人吃晚餐。我特地請人到高雄採買了好幾隻進口全羊，這些羊肉不但品質好、價錢公道，又無羶味。加上參謀長去過大漠，懂得怎麼烹調羊肉，所以參演人員當晚就聚在一起吃羊肉大餐。大家從早到晚演練了一整天，只能吃戰備乾糧，肚子早就餓了，這下端出沒吃過的羊肉大餐，所有人都吃得不亦樂乎。

演習結束之後，我覺得一個基地指揮官應該將地面防衛作戰列為年度操演才對。

雷虎一號演習領導幹部於預演時合影。聯隊長馮世寬特別設計了類似「巴頓將軍」的頭盔，上面裝飾一顆將官金星。照片攝於 1994 年 11 月 30 日。

十三、讓我最難過的事

還清楚記得我正式除役的那一日，當天一早才從美國出差回來，就參加完典禮，一股莫名的惆悵不知從何而來。回到辦公室，我的部屬都為我無法升任空軍司令而感到難過與不平。聽完他們的想法後，我走進房間裡，拿出我的軍常服，上面有我從軍以來的各式勳章。早上才剛受過勳，所以還特別整理過。

我問辦公室裡的同仁，自義務役到上校參謀共五人，此刻我最難過的事是什麼？

他們說：「你沒有當空軍司令！」

我拿著這套軍常服說：「現在最讓我感到難過的是，從今以後，我再也沒有資格以軍人身分穿上這件軍服了。但我會永遠熱愛我的國家，無論走到哪裡，我都熱愛我們空軍。」

——第五章——

我的信仰

1994 年，馮世寬皈依中台禪寺創建人惟覺老和尚，並於同年 9 月邀請老和尚至台南空軍基地演講。

我回顧這一生，不禁發現，我的信仰與我所經歷的點滴都有著微妙的連結。不管是人際交往還是在公職生涯中，信仰給予我的啟發，影響了我的性格塑造和處世態度。在這些相互交織的經歷中，我感受到了信仰的力量，使我能夠堅持向前邁進。

信仰對我而言，並非僅僅停留在心靈層面，更是生活的一部分，祂指引著我走過每一個人生的轉折和挑戰。我深信，信仰不僅是我個人的支柱，更是我生命旅程中不可或缺的一部分。以下想分享幾則與我的信仰相關的小故事，這些故事在我心中留下了深深的印記。

一、幼年時代

孩童時期，時常跟著左鄰右舍去天主教、基督教的教堂，目的是去領些麵粉、玉米粉、奶油及脫脂奶粉等生活用品。當然到了那裡就得跟著唱詩歌、跪讀聖經，而初中時為了學英文，曾將有中英文對照的聖經拿來研讀，這些都沒讓我成為基督徒。

反而在去東園國小的路程中，記得有個「廣照宮」常辦活動，那些不常見的儀式很吸引我的注意；其實最主要的，可能是會得到些糖果、糕餅可以和同學一起享用吧！

小學四年級時，一日在上學途中，經過竹林間的小凹塘時，看到其中有藍天白雲的反射，吸引我好奇地佇足觀賞。仔細地往塘中一瞧，竟看到了瓊樓玉宇，門樓金碧輝煌，琉璃鋪地，屋外有金銀做的小橋，各種奇鳥紛飛揚，豔麗的花朵微風一吹芬芳無比，竟不自覺地佇足。直到同學放學經過時，問我為何沒去上課？這時我才意識到，不知不覺間我竟站了好幾個小時。之後當我在讀佛經如《觀世音菩薩普門品》、《阿彌陀經》時發現，經典中就有這樣場景的描述，真奇妙無比！

一日，又是在上學途中，經過竹林內的一塊小平台，我看到五個穿著古裝的矮人，三男兩女，他們身旁有三個大皮箱，其中一個已打開，箱中的衣物散落在地。我當下認為他們可能是小偷，立即叫同學蹲下，撿了一根竹子，走向前想探個究竟，甚至有想把「小偷」嚇跑的念頭。等我上了平台，發現竟空無一物，那些矮人、大皮箱都不見蹤影。我心想：「是我的幻覺嗎？」事後我問當時同行的同學，他們卻說從頭到尾都沒看到任何東西、任何人。這就奇怪了！

類似的經歷在官校完成飛行訓練時也曾經發生過。一九六九年五月份，我去岡山參加空軍全軍運動會，某日得知，有一位要好的同學在返降時失事殉職。運動會結束後，我回到基地，記得當天是星期日，假日的寢室內本應空無一人，但當我進寢室放行李時，竟發現那位殉職的同學背對著門口，坐在他原來睡覺的床上。我一眼就認出是他！怎麼會呢？他不是已經失事了嗎？我心中充滿疑慮地走向他，猶豫了一會兒，勇敢地過去把他反轉過來，才發現那不是失事的同學，而是另外一位同學。我們在幼校三年、官校四年、飛校一年，共同生活了八年，一聲咳嗽我就能識別出是誰，他的背影我會看錯嗎？

二、我見過觀世音菩薩

一九六八年的夏天，當時我在新竹基地接受部隊訓練。一日放假，回楊梅埔心的五守新村探望父親。村裡有些鄰居蓋起了圍牆，讓眷村原本就不寬敞的巷道更顯窄狹。我走進巷子，迎面來了一位頭戴白紗帽、身著白長袍的女士，我感覺她長得很好看。我側身讓她先過，心中嘀咕：「這麼熱的天氣，她還戴著紗帽，穿著快著地的長袍，不嫌熱嗎？」

過了鄰居的圍牆，發現父親扶著門外種葡萄的鐵架站著，著急地指著白衣女子離去的方向叫我：「快去追那白衣服的女人！」我不明就裡，但也沒想太多，立即去追。只見她的背影快速右轉到另一條巷子，當我追進去時，正好遇見我的大嫂，便問她：「有看到一位穿白衣服的女人嗎？」

「有，她剛過去。」

我聽後腳步加快，沒多久就跑到了巷口一所小學的圍牆外，四周並無任何一人。我疑惑地想：「也沒見她爬牆啊！怎麼不見了。」之後我還跳進牆裡找她，也沒有發現，只能懷著滿肚子疑惑和大嫂回家了。

大嫂一見我父親手扶著鐵架站在門外，馬上攙扶著他進家門，問他：「您怎麼一個人跑出來了？」父親告訴我們，他在家正想抽菸，一個穿戴全身白色的女人推門進來，父親本以為是衛生所定期來眷村，挨家挨戶換急救包的護士。「沒想到她直接走向我，當我正要開口問她幹麼時，她竟抓著我的左手，在我手中放了一粒小姆指大的黑色藥丸，順勢推著我的手就把藥丸塞進我嘴裡。我嚇了一跳，東西就糊里糊塗吞了下去。然後她就走了，我起身想追，出來時看到世寬回來了，我才趕快叫他去追。」

大嫂接著問：「您是怎麼一個人走出來的？」

這時我才知道，大嫂在村子裡做家庭手工藝補貼家用，每個小時都會回家探望行動不便的老爸，扶他上廁所或加茶水。今天這件奇怪的事，使我那原本不良於行的父親，從此竟可以自己走動了好多年。

一日我放假回來，在埔心火車站，有人發了一份傳單給我，我看都沒看就想把它丟掉，但附近沒有垃圾桶，所以就帶回家來。正要丟進垃圾桶時，我一時興起，將傳單攤開來看，驚訝地發現，圖片中的女子就是那天在巷子擦身而過的白衣女士。我拿給大嫂確認，再給老爸看，他們都異口同聲地說：「就是她！」

我清楚記得那張單子上寫的是「白衣大士救苦救難觀世音菩薩」，我們竟有這個因緣能見過她。那顆黑丸原來是祂賜給老爸的藥啊！阿彌陀佛！

三、五顯大帝公

一九八六年三、四月間，我們空軍有一架初級教練機，在空軍官校南部空域訓練時失聯，已逾半年。當時的作戰署署長轉請我代他去基隆和平島的「天顯宮」幫總司令問事。

我在同月二十五日（光復節）就攜全家去基隆天顯宮。交通堪稱方便，先搭公路局到基隆，然後在公路局的公車站旁即有計程車，拉客到和平島，每人只要三十元。一家四口搭「小黃」，好像還是第一次。到了天顯宮，穿著制服的工作人員，引導我們由大殿一直往上參拜。因時間還早，我們就到處走走。天顯宮上頭有海軍單位，背山臨海，可以俯瞰基隆港內船隻進出，港中的大貨櫃船因不常見，看著感覺新鮮無比。

約下午兩點半時，有位稍早與我們打過招呼的男士，在問事的桌前坐下，然後突然趴下，口中喃喃自語，好像變了一個人，聲音與口氣也變得跟剛才不一樣，讓我嚇了一跳。接著，近十位工作人員，有人持筆記向他報告事情，有些人好像被稱讚，也有人受責備，真搞不懂他們在幹麼？內心對這一切充滿疑惑與好奇！

這批人員離開後，突然，他告訴身旁「執事」說，請「ㄏㄨㄥˊㄍㄚ」（意指馮家）來。執事問他是誰，他說是「ㄏㄨㄥˊ將軍」啊！

執事走向我們這群掛了號、等待問事的人，問：「誰是ㄏㄨㄥˊ將軍？」沒人回應。

執事去回報，看得出來被「修理了」。之後執事又來到我們面前，問有誰是軍人，我舉了手，並告知我姓馮，「二馬馮」。執事心虛地把我帶到問事桌前，這位先生全程都閉著眼睛，說：「就是他啦！」

他自我介紹說：「祂現在是三大帝韋馱菩薩。」

也許是看我不太相信的樣子，還做了韋馱菩薩的單腳立姿態像來證明，接著問我姓名、生辰年月日，並說我還有其他名字。我一時真想不起來，他卻連我孩童時父母叫我的小名「大公雞」都說出來了。

祂問我：「你是不相信我嗎？」

我內心嘀咕說：「還真的有一點呢！」

祂又叫我馮將軍，我回說我是上校。祂說：「你信不信你會升上將？」我心裡想，「這個人」一定是想要騙我以後來拜拜！

突然祂問我：「是誰叫你來的？」

不等我開口，祂又說：「是你們總司令告訴署長，請你幫忙來的啦！因為他們兩個是天主教啦！我告訴你，那架飛機因天氣不好又迷航，最後沒有油了，掉落在大武山某某方位多少海里。你們要去山下找一位某姓的山青，帶你們去找。他們還坐在飛機裡，但人已沒了。」

我一字一句聽得非常清楚，卻疑惑不止。「他或祂」怎麼會知道在大武山什麼方位，還說的是海里，這是一般人不會懂的軍事術語啊！這太神奇了！

這件事情啟發了我「看不到不要說不在，聽不到不要說沒有」的認知，在我心中也對神明有了一份從未有的敬重。

四、好久不見

會認識惟覺老和尚，是與一場義賣活動有關。一位義賣時認識的民間友人，提到台南成立一座普佛精舍，要舉辦開光典禮，邀請我一起去參加。當時我是台南空軍基地聯隊長，不能隨意外出，原本想婉拒。但那位師兄強調，惟覺老和尚當天會來主持，要我務必到場。

當天晚上依約前往普佛精舍。不過我曾與這位友人事先說好，當天晚上我必須在九點時離開，趕回基地去接聽小孩從美國打來的電話。

晚上我帶著太太一起出席，我們被安排坐在老和尚身旁。現場的信眾問了老和尚很多問題，我心不在焉，一心想著九點鐘一定要離開才行。正當我偷偷瞄了一下牆上的時鐘時，老和尚竟對著我說：「馮將軍，你跟夫人都還有事，你們現在就可以離開了。」聽到老和尚的話，我當下如釋重負，趕快起身告辭。走出會場時，牆上的時鐘正好顯示為九點整。

隔天我於早上九點抵達精舍，因我對什麼是「開光典禮」充滿好奇。當天精舍內擠滿了信眾。當惟覺老和尚隨「戒定香」引導，緩步走入佛堂時，我竟突然淚流滿面，直到用午齋時還未停止。老和尚要我坐在他右手邊，我淚流到無法用餐。我向他致歉，表示非常失禮，並請教他，為什麼見到他，我會淚流不止。他微笑地對我說：「好久不見！」

這時坐在老和尚旁邊的彭師兄告訴我：「你和老和尚在唐朝時，是在『虎跑寺』裡的師兄弟。當時你喜習武，長相跟現在一模一樣，一直到此刻才又重逢。」聽到彭師兄這麼說，我的淚水終於止住了。這實在太奇怪了，我怎麼也想不透，一個人怎麼會突然流淚不止，讓我百思不得其解。

當下我便決定，午齋用完後，參加皈依儀式，正式成為老和尚的弟子。那是一九九四年的事，那一年，我四十九歲，這就是我和中台禪寺結緣的開始。

皈依到老和尚門下後，因為我的好奇心，盼能了解老和尚修行的歷程，所以我去萬里，看看老和尚最初修行的地方。那是一間修行草棚，規模小，設備也十分簡陋。老和尚最初就在裡面修行，直到修行有成後，才去到南投埔里。

惟覺老和尚對我極好，每次遇到我，他總是說：「我尊敬的馮將軍。」如果知道我有出席法會，總是會問：「馮將軍呢？」「馮將軍在哪裡？」「馮將軍上來坐。」

中台禪寺的落成法會，我也受邀參加，當天許多知名政界人士出席與會。當時舞台上已經有人入座，不知道是誰告訴老和尚，說我坐在最後面，老和尚便說：「請他上來坐。」我跟來請的法師說：「請您告訴師父，我幫他守住城門，不會讓凶神惡煞進來，我還是坐在最後面保護大家！」

我曾邀請老和尚到我們基地演講，當時很多人對於軍方怎麼會邀請一個和尚去軍事基地演講，都感到很吃驚，還引起不小的風波。

其實惟覺老和尚也是軍人退伍，他當天的演講題目是「現金剛身，行菩薩道」，演講內容都是在闡述怎麼樣愛國。老和尚說，當天在座的所有軍人，都是「現金剛身，行菩薩道」，平常照顧老百姓，戰時犧牲自己以保衛國家和人民。整場演講從頭到尾都沒有提到任何靜坐、唸經，或是勸人信仰宗教。

奇妙的是，那天聽完老和尚的演講，回到辦公室時，我突然感覺辦公室變得很小，自己卻變得很高大，很不尋常。

後來我有機會向老和尚當面請益：「老和尚，為什麼聽完您上次的演講之後，回到辦公室我會覺得房子變得很小，人卻變得很大呢？」

他說：「因為你現金剛身了。金剛多大啊！你看你將部隊照顧得多好，你得到我講的那種感應，所以現了菩薩身，其實我提到愛國的軍人，講的就是你！」

1994 年 9 月，惟覺老和尚蒞臨台南空軍基地演講，題目是「現金剛身，行菩薩道」，勉勵官兵愛國愛黨、勇於保衛家園。

五、整建池王府

在聯隊長任內，我經常中午自己開車巡視基地，查看各種狀況。平時會有佃農在耕作，我會停下車來，以台語和他們搏感情，甚至陪他們抽老牌香菸「新樂園」。

一日，大雨滂沱。我習慣性地中午去巡場時，經過一處外有一塊木板遮著的一座小廟，在它左側靠近彈藥庫之處，有棵特別大又高聳的枯樹，每次經過我都想把它拔除，以提升環境整潔。可能因為我當時無信仰，就忽略了有那座小廟，當我冒雨停車查看時，嚇了一跳。小廟裡有一尊黑面的「神」，我覺得奇怪，以前怎麼沒注意呢？用個不成形的三夾板來擋風雨，這也未免太簡陋了吧！

當時基地有一位「沈先生」，是我們基地之友，也是修行人，每言皆準。一日我突然想去他家裡拜訪，參謀帶我去他台南市仁愛街的家，他竟然站在門口等我，我疑惑地想，這個行程是臨時決定的，他怎麼知道呢？一見面他就告訴我：「你去看池王了？祂認為那個廟太小，並且想改建。」我驚奇於他怎麼會知道我心中所想的事，而他說是池王告訴他的！

最終我下定決心整建「池王府」，並將那棵大枯樹拔起，留最上面一截，做官邸停車場裝飾用。一日「沈先生」與他的邱姓朋友同來基地，帶來我喜歡吃的甘蔗。得知我要「蓋廟」，他說：「你把那截木頭送給我，我來幫你蓋廟，因為我正在新營蓋一座大廟。」我們當場一言為定。

沈先生選好了日子來基地，我們一同去池王府，由他向池王請示。池王說：「不可以讓聯隊長一個人出錢，要基地每個人都捐錢。」我認為這是個大難題，基地內每個人的信仰不同，不能強迫每個人都捐錢吧？

次日我想到一個方法，召集各幹部宣布，我想把守護我們安全的「池王府」加以改建，但是池王要基地內的官兵，每個人都捐錢。所以我想讓每個人捐一塊錢，其他不夠的我來出，但不可以直接從薪資裡扣，而是要他們自己捐出。一下子大家都同意了，還有人捐上百、上千元。

有了這個決定後，沈先生又帶我去敬香，向池王稟報，祂高興得連給我們三個聖杯，同時指示，工作期間，祂的神位應遮住不可動，其他如新廟大小、金爐位置、周邊環境安排及如何種植樹木，都清楚地一一交代了。

這座池王府在我離任前由邱先生整建完成，我特別要求不可在廟中留我的名字，揭幕時，我查察了沒有留碑、留名。後來我只要到台南，都會到基地向池王敬香，竟發現在廟宇內牆的右下方有我和邱董的名字，他們告訴我，當天是用色紙蓋住才沒被我發現，否則我一定會罵人！

我是飛行部隊聯隊長，主要任務應是戰訓與飛安，卻無意中順利整建了一座「池王府」，這種因緣真不可思議！

只要到台南，馮世寬主委都會特地到台南空軍基地內的池王府參拜，祈請池王庇護基地平安。照片攝於 2022 年 9 月 19 日。

六、會有奇蹟出現

到漢翔公司擔任董事長不到四個月，我們被國防部委託的「翔昇案」，在大家努力下，克服萬難，順利完成試飛。

聞阿扁總統要親臨漢翔，參加ＩＤＦ性能提升後的首飛典禮，當天是二〇〇七年三月二十六日。那時因天候連日不佳，前一天雨又下個不停，我就託一位淡水行天武聖宮的師姊，向濟公活佛祈求有個好天氣，她回覆：濟公降駕時，允諾「當天會有奇蹟」。

當日早上六時許，依然是低雲有雨。依我的經驗，這次飛機首飛升空的可能性不大了。但到了七時許，雲層逐漸散了。八時許，機場上空竟看到藍天與陽光。

幸好我有下令，不論天候如何，按計畫升空整備。我們興奮地於九時起飛，完成性能提升的第一架ＩＤＦ按計畫順利升空。上午十時，阿扁總統蒞臨，我們正好安全降落。試飛官下機後，接受總統的獻花及握手勉勵，我們都忘了先前天候有多惡劣！

當阿扁總統十一時離開時，雨滴在他的衣袖上，他說：「下雨了！」事後才想起師姊告訴我的「會有奇蹟」！後來試飛官向我報告：「在機場上空有一個十浬大的雲洞，我和伴飛的ＩＤＦ及攝影的AT-3機，就由這個雲洞進出，那個範圍的天候出奇地好！」試飛官是一個天主教徒，他說：「真神奇！」

莫非這就是濟公師父給我們的奇蹟嗎？

我曾允諾，若此次首飛順利，我會去淡水行天武聖宮參拜濟公師父，而且我也依約去當義工。漢翔的任務結束後，有十年的時間，我懷著感恩的心，在武聖宮奉獻與服務。

不得不提，小時候看《濟公傳》的漫畫，那瘋癲的行徑及奇妙無比的情節吸引了我，讓我感到好奇而產生好感，是因此結下的現世緣吧！

七、整修甘珠精舍

在新店大豐路上，有一處「甘珠精舍」，這是當年跟隨蔣總統從中國來台的甘珠佛爺，在台灣的落腳處。

章嘉佛爺和甘珠佛爺昔時皆為藏傳佛教中地位崇高的活佛，他們的到來，對台灣佛教界影響深遠。章嘉佛爺抵達台灣不久就圓寂了，甘珠佛爺則在一九七八年離世。據說甘珠佛爺的肉身舍利，火化了六天五夜，依然金剛不壞。後來邀請雕刻家朱銘與楊英風先生，以銅仿實相，幫甘珠佛爺製作了金身。

甘珠佛爺過世之時，將所有的東西留給從軍的弟弟，日後其弟退役成為榮民。單身榮民過世後，所遺留下來的物品，依法奉繳國庫或法定歸退輔會所有，因此在甘珠佛爺的弟弟過世後，甘珠佛爺的金身、許多文物及甘珠精舍，依法交退輔會榮民榮眷基金會所有。

精舍至今已經五十餘年，但由房子的設計隱約可以看出，當年一定蓋得極為華麗而不失莊嚴。但多年來無人整理，年久失修，裡面堆滿雜物。除了房舍必須大加整修，我也拜會文化部李部長、蒙藏文化中心高主任，委託他們的文資局整理文物，讓更多民眾得以見證佛法。

我一九九三年在台南基地的駕駛阿斌，退伍後從事裝潢、房屋改建工作。好巧的是，在我想著要找人來整修甘珠精舍的那一天，他突然來台北拜訪我。我原本沒想到甘珠精舍的工程可以委託阿斌，見面聊到甘珠精舍的事，我請他去現場查看，並估算如果要整修，可能需要多少費用。

後來我跟阿斌說，我希望他來做，整修時以能夠使用三十年為目標。此時文化部已同意協助文物整理，日後我們和文化部可以互相交流展示。精舍的整建，阿斌估價大約需要將近七百萬。他個人願意減少工資，但我不同意。他願意承接這個案子，我已經很感謝了。

募款之前，我先把退輔會裡的法務、會計、工程相關人員找來，了解募來的款項該怎麼使用。如果以退輔會指定捐助的款項專款專用，就可以開始動工。

幾天後，一位好友約我參加午宴，席間我聊到甘珠精舍的現況，荒蕪不堪，如同鬼屋。我說我要去募款，沒想到當場有一位人士，說他個人願意認捐全部費用。

值得一提的是，我第一次去甘珠精舍，適逢有十多個各方信徒不約而同出現，在討論時，他們各有定見，我在一旁聽了即大聲問道：「甘珠精舍如今荒廢到這個地步，當初你們這些人、這些團體在哪裡？這麼多年為什麼不來管？憑什麼？今天我們宣達了甘珠精舍的主權，並負責整建供信眾來傳承甘珠佛爺的法門。最重要的是，這個財產是屬於國家的！所有的文物都不准動。」

因此我們成立管理委員會，由我們榮民榮眷基金會自行管理。我相信甘珠佛爺自會找到正派的藏傳弟子來協助管理。

——第六章——

我所認識的蔡英文總統

2018 年 4 月 10 日，總統頒授國防部前部長馮世寬「一等景星勳章」。左起：蔡英文總統、馮世寬、馮世寬夫人。（照片由總統府提供）

在這個言論自由卻顯氾濫的時代，我們民選的總統哪一個沒有被輿論無情地批判過？蔡總統也不例外。我想從就任部長時期對她的認識，做坦誠的描述，才符合我一向不平則鳴的性格。就從我出任部長後，第一次與蔡總統面對面的「小軍談」（每兩週一次）開始說起吧。

一、為己建言

上任第二天，我就去立法院接受質詢。面對國民黨民意代表對國軍的「曲解」，身為國防部長，我無法假裝溫良恭儉，這會對國軍造成更大的傷害，我有責任提出辯解，一時風波不斷。

我特別向總統報告：「您一定會聽到許多對我的批評，我不是完人，請您包容；但如果有『我對國家、對總統不忠』的流言，請您一定要向我查證。」

她有些驚訝，卻微笑點頭答應了。

二、淨化軍風

關切買官賣官

總統上任之初，即關切是否有查出國軍買官賣官情事，我回答：「這是自古以來，歷朝歷代都有的事。但從未聽聞有人能將此事查個水落石出。因為當事人不講、受賄者不提，雙方皆否認！」她馬上說：「馮部長，在我們任內，希望不要有！」

防止人事關說

國軍升遷原先是每年辦一次，於年末進行，希冀讓晉升者在新年有個好彩頭。現改為半年一次，每年六月二十日前要完成審查程序，呈請總統核定。

總統拿到這份公文後，問我：「這裡面有人交代的嗎？」

她說：「我都沒交代你放任何人，人事甄選要公平公正！」

任內後續兩次，她都未再向我查詢，因為我向她報告的候選名單，皆由各軍司令為未來軍種發展向我推薦，她無疑地馬上就核定了。

三、軍編制員額之議

國軍歷經「精實」、「精簡」、「精進案」，將總員額裁減至二十一萬餘人。後又有「永固案」，將國軍總員額減至十六萬五千餘人。當時總統直接問我對「永固案」的看法，我回答：「切不可行，現在第一線作戰兵力已感不足。」她點頭同意。

你們加油！

四、雄三誤射——不為人知的愛心

總統剛回國，當晚七點半就主持了雄三誤射的檢討會，昔時的法務部長奉令參加，只見她深責法務部長，沒有協助海軍調查與檢討。我們都看得出來，這位部長是無辜的，而總統對他的指責，就是在講國防部檢討得不夠踏實。

會議結束後，我帶黃司令去向總統致歉，她說：「這非一日之寒，不是你們的錯，你們要加油！」我們兩人熱淚盈眶，感到慚愧無比！

關切犯錯官兵

海軍雄三飛彈誤射，在媒體渲染傳播、民代羞辱責難下，如此的內外夾擊，已使國軍士氣嚴重受挫。當本案進入司法程序，總統在小軍談時問我：「那艦上四位官兵狀況如何？有無專人安全照顧？軍法體系是否已有充分出庭準備？如果軍法官不夠，我有律師團可以去協助你們。」她日理萬機，還如此關注犯錯官兵，讓我無限感慨！

五、成立興安專案

一日，我陪同總統赴新竹陸軍五四二旅視導，行經星光部隊，見其營舍新穎整潔、環境優美；再到我官兵宿舍，多是睡上下鋪，且集中在營舍中間住宿。她問了基地指揮官：「為什麼不能住得開一點？把環境整理好一點？」

午餐的總統訓勉，特別將「我責成馮部長將國軍營舍重新整建」下達了指示，後定名「興安專案」。如今已有多處營區或基地的營舍、作戰室、辦公室整建完成，都邀我去走訪。

六、您要繼續好好做

海軍雄三誤射後，國民黨籍民代及立委不論青紅皂白、刀刀見骨的批判，要我下台的聲音響徹雲霄。我沒有一絲畏懼，回覆：「我是特任官，會在本案水落石出後自動請辭，負起政治責任。」

次日的小軍談，總統告訴我：「我已在黨團會議中，要求我們的立委在立法院保護馮部長，不得讓他被迫辭職。」

接著她說：「您要繼續好好做。」

七、那三個字不要說

我們新竹基地的幻象戰機，一日夜航訓練時不幸失蹤。空軍司令部對媒體召開說明會，某媒體記者突兀問道：「這個飛行員會否已飛去對岸投共了？」

之後在立院的備詢中，執政黨立委不平地問我：「部長對於這種提問有什麼看法？」

我說：「他媽的！如果我在場，會把他趕走。」

之後在小軍談時，總統先稱讚我近期立院備詢的表現，對那個媒體的提問，她也很氣憤。不過她婉轉地告訴我：「那三個字不要說。」害得我頗感羞愧！

八、年金改革的「緩坡」

對「年金改革」，我一向持反對的立場。身為部長，我要關切退役袍澤，更要維持現役軍人的士氣與榮譽。總統至少三次，當著年金改革團隊的面告訴我：「你只管把現役的照顧好。」我則不知幾次，當著總統的面，衝撞主事的政務委員。此外也多次在小軍談時向總統表達個人相反的意見。

而她對軍人職涯的辛勞，與屆齡強制退休，有深刻的了解。她不但把軍公教年金改革分開處理，而且在政策底定後，見我仍有意見，突然問我：「你不會設定一個十年『緩坡』來降低改革的衝擊嗎？」

我說：「我不懂什麼緩坡。我會打仗，但不會算帳。請總統讓我去找主計局了解後，再來見您。」等我弄清楚，再去向她報告及致謝時，她又好氣又好笑地對我說：「你怎麼連『緩坡』都不懂！」

九、我不會用文人部長

在海軍雄三誤射後，我向總統報告這起意外事件的經緯及我們爾後如何防制的辦法。隨後我非常感觸地報告，我判斷兩岸現況的發展，軍事上只會日趨繁重。以此次雄三誤射為例，如果我是一個文人部長，可能一時無法掌握全盤狀況，更不要說如何適當處置了。

我向總統建議：「文人部長是民主制度下的一個象徵，我們的國情現況實不相宜。」

她說：「我不會用文人當部長。」

十、誰叫你去的

一個星期六，我去探視抗爭年改的「八百壯士」，回來接到總統電話問說：「誰叫你去的？」我說：「是我自己決定去的。」並將過程向她報告如下：

我在星期五得悉「八百壯士」將於次日舉行大遊行，並計畫攻占立法院與行政院，我即決定今天上午去探訪他們。

到了「八百壯士」抗爭團體設立的帳棚區，在他們驚訝我會到訪的聲音中，我直接走入他們的指揮中心。我和他們的領導人坦誠地交換意見，並告知：「年金改革已定案，總統幫我們設立了『緩坡』，比你們提出的抗爭條件更優厚。」同時特別請他們大遊行時，切勿去攻占立法院、行政院，更不可失控地發生任何流血事件，那將會為國人所不諒解。

現場氣氛良好，惟離開時，有少數人員激進謾罵，我在他們領導人的護送中，未有肢體衝突地安全離開。

總統又問：「你帶誰陪你去？」我說：「就我一個人。」隨後她關切地說：「為什麼你不考慮自己的安危？」

年金改革讓我感覺心寒，總統的關切卻讓我感到溫馨。

2017 年 6 月 29 日，蔡英文總統在國防部長馮世寬陪同下，校閱示範樂隊、聯合旗隊及三軍儀隊。

——第七章——

心中感念的生命之光

家人是生命中最溫暖的那道光。2007 年，馮世寬與家人拍下三代同堂的全家福。

一、沒有他，我飛不出來——馮汝元上校

一九六七年九月，我從空軍官校畢業，順利通過空勤體檢，展開期待已久的飛行訓練。進入基本組學習飛行，我的教官是一位個子中等、體型微胖，總叼著一根 Kent 牌洋菸的上校，亦是影響我一生的導師——馮汝元上校。

一個人是否合適飛行，在基本組訓練的這段期間就能確定。如果二十小時的初考無法通過，則會被分派到站管、氣象、維護、補給等不同單位。然而，我的第一堂飛行課，馮教官直接給我了震撼教育——「飛螺旋」。

所謂的飛螺旋，是將機頭帶到大仰角，由人為操作促使飛機失速，機頭往下墜，像鎖螺絲一樣對地旋轉，緊接著要反操作，使飛機停止翻滾，同時俯衝加速，拉起機頭再爬升回原有的高度。

返航途中，我試著讓飛機保持平飛，卻怎麼都搞定不了。當時對自己第一次

的飛行表現，存萬念俱灰之感，信心全失。

馮教官看我一臉失落，在講評的時候告訴我，第一課是感覺飛行，並沒有「飛螺旋」這個課目，「只是想測試你的膽量跟身體反應。」讓他沒想到的是，我不但未心生恐懼，還能清楚地找到機場的位置，說明了我是個適合飛行的好學生。他要我好好努力。

這些話，讓我原本的不安和焦慮一掃而空，並將此轉換成一股能量。當即立下了誓言，我一定要飛出來，成為一名優秀的戰鬥機飛行員！

爾後的訓練，或許是馮教官摸清了我的人格特質，他總是以極端的逆境，來迫使我成長。當時我才二十三、四歲，總被教官嫌笨和責罵。有一次甚至氣到要推我的頭去撞儀表板，讓我懷疑自己是不是真的很笨。即便如此，教官仍不厭其煩地教我。

後來才知道，我的笨拙是因為不了解教官表達的意思，選擇了照自己的方式飛行，最後才以犯錯收場。

也不曉得為什麼，總覺得他對我特別偏愛。每次我飛了一個多小時，他只讓我填五十分鐘。長期累積下來，我的飛行時數跟大家一樣，練習的時間卻比別人多。回想起來，才明白他的用心良苦。

當時，馮教官深知我最大的障礙就是要落地時的測高，一緊張，高度就配得不好。一九六七年十二月二十四日，放單飛考試的前一天，馮教官突然嚴肅地告訴我：「馮世寬，你明天要去考試，這決定你會不會被淘汰。但明天是聖誕節，我家裡有事要請假，你自己加油！」突然一股絕望的感覺湧上心頭，已經做好最後一次飛行的打算。

不過，我就是愈挫愈勇，在極端的環境下，我總能讓自己產生些火花。就在一邊煩惱明天的考試，一邊寫當日飛行訓練的講評時，一個恍神，手中的筆掉到地上。彎腰撿筆時，突然一個念頭閃過：「咦！這不就是落地時測場的高度嗎？」

在學校裡，往宿舍的走道兩旁種了修剪整齊到腰的小松樹，所以每當我重複了撿筆的動作，旁邊的樹彷彿就跟著升高。這樣的高度變化，簡直和飛機降落時一模一樣。我一個人在走道上來回試了好多次，為自己的頓悟喜悅無比，心想：「原來是這樣啊！我終於知道怎麼測場把握降落時的高度了！」

即便如此，我在隔天的考試仍然抱持著「這是最後一趟飛行」的心態，這也使得我心裡格外輕鬆。或許也因為這樣，我竟然一次就通過了考試，甚至表現得還不錯。記得當時考試官是鍾蘭蓀教官，他在後座說道：「飛得很好喔！回去要好好落地。」最後，我順利落地了！

鍾考核官疑惑地說：「你飛得這麼好，你們馮教官怎麼不早點放你單飛呢？」當時，我還真不曉得怎麼回答這個問題。

隔天，馮教官一回來就去問了鍾教官：「馮世寬過了沒有？」

鍾教官說：「放單飛了。馮世寬是塊毛料子啊！你送來的那些尼龍料都放他們單飛了，怎麼反而沒讓他單飛呢？」

聽完，馮教官高興地把我叫

1967 年 12 月 25 日，放單飛後與鍾蘭蓀教官（左）合影。

去，重複著說道：「嘿！馮世寬，考試官說你是塊毛料子欸！」

我也不曉得為什麼，這一刻，覺得馮教官對我特別好。

在我抓到降落時測高的訣竅後，日後的高級教練機，我都很快就通過測考，而被允許放單飛。馮教官得知我噴射機放單飛時，遠遠看到我便大喊：「馮世寬！放單飛啦！」他開心的眼神，讓我感動不已。空軍全軍運動會時，他也會特地來看我跑步，像關心自己孩子般地對我說：「馮世寬，你累不累啊？」

為了感恩他對我的啟蒙、愛護與不棄的教導。一九七七年我去美國「國際飛行軍官安全管理班」受訓時，以 Kent 當我的英文名字，使用至今，以示我內心對他的感念。

二、懷念的那聲「ㄏㄨㄥˊㄕㄨˋ寬」——湯曜明總長

湯部長在總長任內，我是他的屬下情報次長。我們有兩年多的長官和部屬情誼。

還記得那時，湯部長的台灣口音有點重，每當他叫到我的名字，聽起來總是像「洪樹寬」，久而久之，我也就習慣了。但在一段時間的相處後，我發現從他叫我的方式，可以領會出不同的意義。

每當重要場合時，只要他喊我的全名「洪樹寬」，我就知道他要當眾立威，問我問題。場景換成作戰會報時，當他稱我「洪次長」，我就知道要受到責備了。如果他叫我「樹寬」，這時便是他的心情很愉快。從這些待我的方式，點出湯總長特有的性格。

平時的他，威儀無比，在他手下的官兵，鮮少人沒有被他教訓甚至責罵過。

因此，大家私下給他取了個綽號，叫「湯要命」。不過，相處久了，可以發現湯總長對國軍官兵的關愛與照顧，真的是「愛之深，責之切」！

有一次，他前往清泉崗空軍基地視察，發現夜間警戒人員的休息室非常簡陋，他當即決定要將之整建。

還有一次，當他得知空軍飛行員不幸失事的撫卹金，竟然只有四百多萬元時，他說：「相較警、消人員殉職的一千萬撫恤金，我們空軍這太不成比例了，成何體統？」他馬上下令，著手研議將保險額度提升至一千萬元。

另外，當他看到空軍地勤人員的辛勞以及國軍派駐外島或高山，卻僅有微薄的補貼。他當即增加了其專業加給，以及高山或地域加給。

這些隱藏在他嚴肅、不苟言笑背後的愛心及點點滴滴，透露出他內心對國軍的關愛。

一日，突然有位民代臨時來訪，在會客室由總長恭候。沒想到他聽完民代講話，竟然在會客室裡大聲怒吼：「誰答應你的，你就去找誰！」接著起身離開會客室，留下一臉錯愕的關說民代。

我在擔任情報次長時，一日他突然中午來視察，要我帶他去一間專門用來沖洗照片的暗房。打開門，我連電燈的開關都找不著，是隨行的參謀幫忙開了燈。當時屋內除了沖洗照片的設備，什麼都沒有。他轉頭問我：「你中午在這裡午休嗎？」

我一臉茫然地回應：「從未有過啊！我從來不午休。」

後來我才知道，原來是他收到了內容相當不堪的黑函，才對我突襲檢查。

不久之後，他便宣布，日後對不具名或假名的黑函一律不予處理。

這件事我銘記在心，爾後我擔任各種職務時，只要收到黑函，總

2021 年 12 月 10 日，在前國防部長湯曜明的告別式上，退輔會主委馮世寬（左一）與陸軍一級上將霍守業（左二）、海軍一級上將林鎮夷（左四）、國安會諮詢委員嚴德發（左三），為靈櫬覆蓋國旗，表彰湯前部長對國家社會的卓著貢獻。

是將其寄回原單位，並要求單位主管將其公布。除了讓大家警惕，有人破壞和諧與團結，有則改之，無則加勉。更是讓那些心懷不軌的小人，自慚形穢。

在湯總長身邊的這兩年多，我感受到，他一向深惡痛絕對人事的關說。後來這些都影響我行事甚巨。

在湯部長的告別式中，我被賦予覆蓋國旗的任務。最後聽到「向部長行最敬禮」時，一股悲慟湧出。想到以後再也聽不到他叫我「洪樹寬」了，我竟不自覺流下對他思念的眼淚！

三、國軍之友——李棟樑

每年清明節我都會去五指山，向我的哥哥及大廳中各長官、前輩遺像致最敬禮。

擔任國防部長時，我亦如常地去五指山，一次巧遇軍人之友社理事長李棟樑先生。他告訴我，他以往都是帶著便當來犒賞弟兄，但因四月的北部山區仍然寒冷，所以特別準備以辦桌方式，用熱食犒賞戍守和管理公墓的官兵。

那天我特別留下來和大家一起用餐，並代表國防部向他致謝與致敬。後得悉他不但出錢出力，走遍國軍遠在東沙、南沙、澎湖及金馬等各外離島，帶著弟兄們喜歡的飲料、點心、泡麵等，去慰問他們。更有甚者，還慰問因公傷亡的軍人遺孤，更不忘帶表演團隊去多處榮家娛樂榮民。

有一次，他親口告訴我，自沈一鳴總長直升機失事殉職，得悉沈總長生前喜歡牛肉麵，自此每年在其殉難日都會備牛肉麵及常吃的小菜來追悼沈總長，真讓我讚嘆！我由衷地向他致敬與致謝。

2018 年 2 月，軍友社理事長李棟樑（左）與國防部長馮世寬（右）會面。（照片由軍聞社提供）

四、他走了！——沈一鳴

二〇二〇年元月二日的行政院院會，我隔鄰的僑委會吳委員長，突然拿手機給我看一則「黑鷹直升機烏來山區失聯」的訊息，上面有「參謀總長沈一鳴上將」的名字，我內心直呼：糟了！接著院會就草草結束了。

我一見這則訊息，心都涼了。突然映入我眼簾的是空軍司令沈一鳴向我報告敵情狀況，以及我剛接任退輔會主委時，他和嚴部長前來看望我的情景。

次（三）日我刻意避開悼念的人潮，上午十一時才和本會就醫處葛處長去三總旁的懷德廳向他致哀。因人潮擁擠，我沒能一一向其他罹難袍澤致哀。因此決定，台北賓館元月四日開放追思時，再去向他們致哀。

當天，我刻意下午三時才到台北賓館。致哀的人大多是老百姓，我心裡很感觸。我們由專人帶著順利擠進會場，當我獻上白色玫瑰時，發自內心地單膝下跪，向他們致上軍人最高的敬意。

我曾是沈的直屬長官，他忠誠地執行我的命令，有效地在共機繞台時期保衛領空、鞏固了國防安全，使全國民眾安居樂業，這是我代表榮民、百姓向他致哀的最敬禮。

當天我婉拒了媒體的採訪，因我內心充滿了悲慟，一直都不能接受這個事實！

上）國防部長馮世寬（右）與空軍司令沈一鳴。

下）2020年1月4日，退輔會主委馮世寬至台北賓館悼念黑鷹失事八名罹難將士，以「單膝跪姿」獻花。

五、我們的朋友——張仲偉中校

我到美國任武官之初，位階是空軍上校，帶副武官進五角大廈的國防部，都得換證。當時他們安排了一位美空軍上尉聯絡官來門口接送我們。我在年底晉升了少將，換了美國空軍少校禮賓官張仲偉（Bernard Chang）來接我們，他拿了通行證給我們，說：「現在你是將級軍官（Flag officer）了，可以自行去你想去的單位辦事。」

後來，Bernard由禮賓官調任到援外事務處，掌管軍售業務，這也正好讓我們有更進一步的交往。他和他太太都是香港華僑，一口廣東腔國語，讓我在異地有了美軍的朋友。我們之間常有家庭聚會，甚至他休假時，也會來帶著我的孩子去靶場射擊。我們培養出相當濃厚的私誼，也讓我在武官任內的工作順暢許多。我會告訴他，我想去哪裡、想做什麼。他也會幫我寫申請函，甚至告訴我職務上的限制是什麼。

我們每一任武官，都在努力爭取美對台的軍售。爭取了十餘年的 F-16，竟幸運地在我任內，老布希總統同意供售了。另外，同年一併完成 C-130 運輸機購買及 S-2T 性能提升等案。當時請 Bernard 幫我們提出，要求 F-16 所有武器掛載的操作電路都要裝設，這樣以後武器允許出售時，就可以直接在台灣裝設，不必再回到美國。漢翔做的 F-16 性能提升，即是證明我當年遠見。

更值得一提的是，當我提出把接收的 F-16A/B 型機由美國本土飛回台灣的要求，以減少拆卸、包裝、海運，以及到台灣後再組裝和試飛的金錢與時間成本。飛回台灣，略經檢修，即可執行任務。Bernard 替我向五角大廈的空軍部提出申請，得知權責在夏威夷太平洋總司令部。他親自到夏威夷協調溝通，竟獲得了允許。

除此之外，當確知美將售我 F-16 戰機後，我即以「在本島飛訓受民航管制，訓練空域及海峽中線之影響，對地炸射、空中打靶等課目幾無空域可以實施以及影響飛訓極巨」為由，向美方提出要求「在美實施 F-16 接機的前置訓練」。在 Bernard 從中幫忙下，美方同意我們在新墨西哥州，近白沙飛彈試射場「Alamogado」附近的霍洛曼（Holloman）空軍基地，實施T-38機飛訓。

當時，打破了斷交的限制，接受我們前往美國進行T-38機的飛航訓練。我國防部曾有官員來視導此案時，問我是奉什麼命令、文號執行此案，我回：「是我按實況向美方要求以F-16A/B接機『前置』訓練為由，才獲這個機會。」他竟不以為然！

最後，在美軍教官的協助下，由我們自己在美受訓的飛行官，從德州、夏威夷及關島，歷經了多次空中加油後，成功飛回台灣，

1994年5月，馮世寬於台南基地與張仲偉中校（左）合影。

這是前所未有的事。若不是 Bernard 在其中提供的協助，不可能有這樣的創舉。

我又以斷交二十餘年，我們現在有了新的戰機，但在戰術運用上已經產生了斷層（Gap）為由，希望美方能提供 F-16 機戰術訓練，以發揮它的效能。Bernard 又幫我們去申請，竟順利地獲得同意。美方先安排在亞利桑那州的 Tucson 海岸巡防隊受 F-16 換裝訓練。後經我要求，Bernard 又向美空軍部申請回到美軍的路克訓練基地賡續 F-16 的戰術訓練。

我回台灣後，在擔任台南基地一聯隊聯隊長時，他因公來台，特別來基地看我。祝賀我之外，我們無所不談。對於過往那段出奇順利的過程，成為歡笑中主要的話題，讓我感覺我倆如兄如弟，回想 Bernard 助我空軍功勞大矣！我們應該頒給他一個勳章，以表揚其對我們的貢獻吧！

六、我的換帖兄弟——大熊（鄭大維）

他是我自空軍幼校的同學，我們一路從幼校到空軍官校，培養了相當濃厚的情誼。我們都叫他大熊，因為他個子小卻身體壯碩，走起路來很像一頭熊，就這樣從小叫到大了。

在我調去台南當聯隊長時，他已經退伍。有一天我到他家拜訪，我們聊起過往，相談甚歡。他聽聞我被調到他曾服務過的台南基地，高興得不得了，馬上拿起紙，寫下我要注意及防備的事。

一、台南的基地外有一條像護城河的大水溝。大熊要我一去就盡快把水溝疏通做好；二、要把機場裡面的涵洞都清乾淨，常因下大雨而堵塞，導致基地內淹水……大熊把這張寫得密密麻麻的紙條塞給了我，並說道：「老馮，你是在同學中，我最好的朋友了。」

那時我深深感受到他真摯的友情。

後來我循著他給的建議，在颱風來襲前逐一處理完畢，果真讓基地平安躲過了一次次的暴風雨。

有件事我一直掛在心裡。在我要結婚那年，身上沒有足夠的錢。想在桃園基地旁的大園眷村頂一間眷舍，那時要五萬元，我只有兩萬。去跟大熊開口借，他二話不說就答應了，但說給他幾天時間。後來他拿著一疊三萬的現金給我，我連忙問他：「你這錢什麼時候要用到？」

他只淡淡說了句：「你先拿去用，不用著急著還我。」

三個月後，我湊齊了這三萬塊，拿到大熊家還給他，他才和我說：「沒告訴你，我當初買了一間房子，自己也沒有錢可以借給你。這三萬塊，我是去向高利貸借來給你的。沒想到你三個月就拿來還我，真謝謝你。」

剎那間，我感受到大熊對我厚厚的情誼。那時是一九七二年，身為少尉的我，一個月薪水也僅有四千兩百多元的年代。大熊這樣的拔刀相助，讓我永遠難忘！

七、了不起的同學——戴文隆

我在國防部長任內，週末一有空閒，便會到官邸附近的芝山岩走走。它是一個小丘林地，但有著約莫百來個坡度近五十度的階梯。沒多久便熟識了一位老先生，在閒聊中得知，他是我一位相當要好的同學的二哥。這才輾轉得知他弟弟戴文隆的事。

他提到，在他們父親臨終前要分家產，文隆連忙偕同其夫人從台中空軍三指揮部趕回去見父親。他回憶，文隆當著父親的面，和他們幾位兄弟說：「我一生投效軍旅，都是你們在孝養父母親。我們自願放棄所有應分得的財產，給你們去平分。」

文隆這一舉動，當場感動了所有人。

聽到這故事，我也深受感動，他才是父親的好孝子，友愛兄長的好兄弟，他也是我的好同學。

八、三寸金蓮走萬里——我的母親

我的母親——馮儲氏，是個小腳婦人，在五十歲生下我。那個年代的習俗，不裹腳的女孩子，就是貧窮人家幹粗活的丫鬟。那時候看著她的「三寸金蓮」，那痛楚、行動不便的樣子，讓我相當不解與氣憤。

我反覆地思考：「中國人怎麼會如此捨得『殘害』自己的女兒？」因為這些事，使我從小對不公不義深感憤慨。

那年我五歲，發生了國共內戰。即便母親裹著小腳，仍帶著我從南京逃到香港。路途中的最後一段是要翻過鐵網，越過水田才能到深圳。我們頭頂上有香港和英國的軍、警所發射的照明彈，還有無情的機關槍掃射著爬過鐵絲網逃難的人。我的母親不顧自身安危，緊緊摟著我，叫著我的小名說：「不要害怕，不能哭哦！」

我與母親逃難時度過無數個飢寒交迫的日子。那時在往香港的路上，不曉得她從哪裡買了一顆約元寶大的菱角給我，並叮囑我趕快吃掉。那種餓到前胸貼後背的感覺，我到現在還記得。一直到了香港，她發現我左手仍死握著那顆菱角。但我的手指已僵直得伸不開了。

一路上都不記得吃過什麼，輾轉到了台灣，二姊來基隆碼頭接我們，我第一件事就問二姊：「你家有飯吃嗎？」飢餓與恐慌的日子，終於結束了。

孩童時期，我相當頑皮。有一天，不敵對方人多勢眾，我跑了回家。母親見狀問我：「幹什麼？」

我說：「人家要打我。」

她竟然以責備的語氣說道：「你跑回來幹麼？男子漢，要一人做事一人當啊！給我出去打！」嘴裡還嘀咕著「膽小無大將」。

正是我母親這樣的教誨，成就了我「勇於任事」、「敢做敢當」、「敢說敢做」、「從不推諉」的性格。

我的母親，裹著三寸金蓮，甚至不識字；卻堅毅地帶著我逃難，冒著槍彈危險，背著我過田水。想到這些逃難的過往，我深刻體會母親的偉大；我卻因忙於戰訓，都是大哥大嫂肩負起父母親的生養、死葬。我沒能孝養母親，內心深以為憾。

馮世寬與母親合影。

九、四海為家——我的父親

我的父親馮召伯，不高的身材，卻有著壯碩的體格，戴著深框眼鏡，由於那雙濃眉，他沒笑容時，給人不怒而威之感。

回憶起兒時在大陸的生活，那時好像過得無憂無慮，還記得姊姊曾帶我去淮河溜冰。後來發生了戰爭，我們歷經一番波折，逃難到了香港，過了一段非常艱苦的日子，最後才來到台灣落腳。

有次和姊姊聊天才知道，父親以前在家鄉開布莊，由於我是家中么兒，父親很疼愛我，但教育方式相當嚴厲。他從小就要求我「和人講話，一定要站好，並直視對方的雙眸」。

來台後，父親以賣豆腐和豆乾維生。他相當樂善好施，但行善總不欲人知；他會讓人賒帳，卻從不催討，也從不扣人斤兩。在市場裡，大家都叫他「馮爺爺」。

約 1972 年，馮世寬的父母合影於楊梅埔心五守新村。左為母親馮儲氏，右為父親馮召伯。

有一次，我發現鄰居提告隔壁違建，來查核的官員卻受人賄賂，隨即奔回家裡，向父親稟報，殊不知換來的是一頓責罵。他對我說：「關你什麼事！只要你將來不做壞事，世上就少個壞人！」當時甚感委屈，為什麼想表現正義感，卻換來這樣的責備？後來我才真正明白當時父親說這句話的用意。

我考上空軍幼校，要去報到時。和父親道別，我們沒有擁抱，他也沒有因為我的離開而流下不捨的淚水。他只淡淡對我說道：「男兒四海為家，希望你成功回來。」就這樣，我帶著他這句話，以及一個包了兩件新內衣褲的布包，離家了。

到後來，愈是年長，愈能體悟父親在兒時給我的簡單教誨，其背後的涵義。當時父親給我一種難以親近的距離感，但正好是這樣的過往，讓我熟知分寸。並在每一次的機會教育中，他潛移默化地培養了我「敬業樂群」、「憐憫寬厚」、「守正不阿」的性格！

十、「因為有妳」——我的妻子

我這一生，大多數的時間和心力都奉獻給了國家。無論在軍中，或是後續的公職服務，我總是義無反顧。之所以能夠如此專注地盡心盡力做好每一份職責，最大的功臣莫過於我有暖心的家人，我最愛的妻子在背後默默地填補我未盡的父親角色。

我的太太陳玉華是一位傳統女性，自從小孩出生後，她擔起了孩子的一切教養責任。一九七五年元月，兒子出生時，我請了兩週的假陪伴妻兒，之後便帶著迎接新生命的喜悅回到台南基地駐防。沒多久，發生一起三架飛機相撞的慘痛失事。當時受限於電話不普及，無法讓我向家中報平安。我太太相當焦急，四處探聽我的消息。沒有人肯透露實情，她很擔心我是否出事了，在夜裡抱著孩子跪求上天，說道：「老天哪！這個孩子才剛出生，可以告訴我，孩子的爸爸在哪裡嗎？」

當他向我道出這些話時，頓時覺得，我因戰訓而忙碌，讓她飽受這些擔憂，對她的虧欠實在太多了！

她是家庭主婦型的妻子，不懂攀緣附會，也不願帶給我任何麻煩和困擾，一心專注在家裡。我的兩個孩子，在她的照顧下，從初中到大學，沒有讓我擔心過。孩子都已成家立業，都是她全心全力的照顧。

直到現在，我常感嘆地說：「沒有妳，可能沒有為國犧牲奉獻的大鵬。」

妻子無怨無悔的付出，是大鵬最堅定的支持力量。

結語

完成了這本回憶錄，耳際竟響起了一首我喜歡的歌曲〈小丑〉。

記得我第一次唱這首歌時，是在空軍情報署同仁為我舉辦的惜別會上。當我上台致詞時，回想起：從當完聯隊長，被派任情報署「副署長」，是個「應識趣退伍」的閒缺，但我還是盡我所能地埋首工作。一年半後，我升任了署長。當大家得知我要去國防部接任參謀本部中將情報次長時，有如「掌聲在歡樂中響起，眼淚已湧在笑容裡」，內心洶湧地無法言語，真是「多少磨練和多少眼淚才能夠站在這裡」。一時感觸得不知從何談起，只好在這個惜別的場合，以這首歌代替了致詞，含著眼淚送給陪我共同努力的同仁們。

我得感恩父母給我那些融合了人生歷練的教誨，愈是年長，愈會常常想起那些「金科玉律」，它塑造了我剛正不阿的個性，也給了我樂觀應對磨練的智慧。

當讀到《金剛經》中有一段「知一切法無我，得成於忍」時，似乎相印證了我的一生！

馮世寬年表

一九四五年　十一月二十五日生於江蘇淮安

一九五一年　入讀萬華區東園國小

一九五七年　入讀強恕中學（初中部）

一九六〇年　入讀東港空軍幼年學校（第九期）

一九六三年　空軍軍官學校（第四十八期）受訓

一九六七年　空軍飛行學校受訓

一九七七年　美國南加州大學飛行安全管理班受訓

一九八一年　三軍大學空軍指揮參謀學院受訓、任空軍七三七聯隊第七戰術戰鬥機大隊第四十六中隊假想敵中隊長

一九八二年　任駐沙烏地阿拉伯王國副武官

一九八六年　三軍大學戰爭學院受訓

一九八八年　任空軍第四〇一戰術混合聯隊大隊長

一九八九年　任空軍七三七聯隊政戰部主任

一九九〇年　任駐美國武官

一九九三年　任空軍第四四三戰術戰鬥機聯隊聯隊長（空軍第一戰術戰鬥機聯隊）

一九九七年　任空軍總司令部情報署長

一九九八年　任國防部參謀本部情報參謀次長

二〇〇一年　任空軍作戰司令部司令

二〇〇三年　任空軍總司令部副總司令

二〇〇四年　任國防部參謀本部副參謀總長

二〇〇六年　五月二日接任漢翔董事長

二〇一六年　五月二十日就任第三十二任國防部長

二〇一八年　任國策顧問、轉任國防安全研究院董事長

二〇一九年　八月五日就任退輔會主委

大鵬展翅：馮世寬回憶錄 / 馮世寬作 . -- 第一版 . -- 臺北市 : 遠見天下文化 , 2024.05
312 面 ; 14.8×21 公分 . -- (社會人文 ; BGB580)
ISBN 978-626-355-745-1(精裝)

1.CST: 馮世寬 2.CST: 軍人 3.CST: 回憶錄

783.3886 113005387

社會人文 BGB580

大鵬展翅
馮世寬回憶錄

作者 — 馮世寬

文字整理 — 廖慧君
編輯協力 — 張少安、詹毓仁、何鎧全

總編輯 — 吳佩穎
社文館副總編輯 — 郭昕詠
責任編輯 — 張彤華
校對 — 淩午（特約）
封面設計 — 張議文
內頁設計及排版 — 蔡美芳（特約）
封面攝影 — 王竹君（特約）

出版者 — 遠見天下文化出版股份有限公司
創辦人 — 高希均、王力行
遠見・天下文化 事業群榮譽董事長 — 高希均
遠見・天下文化 事業群董事長 — 王力行
天下文化社長 — 王力行
天下文化總經理— 鄧瑋羚
國際事務開發部兼版權中心總監 — 潘欣
法律顧問 — 理律法律事務所陳長文律師
著作權顧問 — 魏啟翔律師
社址 — 臺北市 104 松江路 93 巷 1 號
讀者服務專線 — 02-2662-0012 ｜傳真— 02-2662-0007；02-2662-0009
電子郵件信箱 — cwpc@cwgv.com.tw
直接郵撥帳號 — 1326703-6 號　遠見天下文化出版股份有限公司

製版廠 — 東豪印刷事業有限公司
印刷廠 — 承傑印刷設計有限公司
裝訂廠 — 精益裝訂股份有限公司
登記證 — 局版台業字第 2517 號
總經銷 — 大和書報圖書股份有限公司｜電話 — 02-8990-2588
出版日期 — 2024 年 5 月 14 日第一版第 1 次印行
　　　　　2024 年 5 月 31 日第一版第 4 次印行

定 價 — 650 元
ISBN — 978-626-355-745-1
EISBN — 9786263557413（EPUB）；9786263557420（PDF）
書 號 — BGB580
天下文化官網 — bookzone.cwgv.com.tw

本書如有缺頁、破損、裝訂錯誤，請寄回本公司調換。
本書僅代表作者言論，不代表本社立場。

天下文化

BELIEVE IN READING